# Positiv-Tagebuch

# für Deinen

# Bauch

## Mit Positiver Psychologie Magen- und Bauchschmerzen kontrollieren

### Prof. Dr. Martin Storr

Der Inhalt dieses Buches ersetzt keine medizinische Beratung. Das Tagebuch dient der Information und der strukturierten Aufzeichnung von positiven Aspekten des Alltags. Vor Beginn der Aufzeichnungen sollte bei Beschwerden ärztlicher Rat eingeholt werden, sofern dies noch nicht geschehen ist.

Professor Dr. Martin Storr

# Positiv-Tagebuch

# für Deinen

# Bauch

Mit Positiver Psychologie Magen- und
Bauchschmerzen kontrollieren

DIGESTA

**Bibliografische Information der Deutschen Nationalbibliothek:**
Die Deutsche Nationalbibliothek verzeichnet diese Publikation in der Deutschen Nationalbibliographie;
detaillierte bibliographische Daten sind im Internet über http://dnb.dnb.de abrufbar.

1. Auflage 2020

© 2020 Digesta, München

Herstellung und Verlag: BoD - Books on Demand, Norderstedt
Printed in Germany
Dieses Buch wurde im On-Demand-Verfahren hergestellt
ISBN: 978-3-751-996136

# Vorwort

Magenschmerzen, Bauchschmerzen, Schmerzen im Becken und viele andere Beschwerden mögen Dich veranlasst haben, es mit diesem Tagebuch zu versuchen, Deine Beschwerden in den Griff zu bekommen. In Diesem Tagebuch geht es nicht darum, Dir die möglichen Ursachen Deiner Beschwerden zu erklären. Es geht vielmehr darum, Dir einen anderen Weg zu erläutern, mit dem es Dir gelingen kann, deine Beschwerden unter Kontrolle zu bringen. Dir Maßnahmen nahezulegen, mit denen Du aus eigener Kraft Deine Lebenssituation verbessern kannst und mit denen Du Deine Situation selbst in die Hand nimmst.

Vermutlich hast Du schon vieles ausprobiert, unzählige Versuche unternommen, um die Ursachen Deiner Beschwerden zu ergründen, die Beschwerden mit Einnahmen von Medikamenten oder Nahrungsergänzungsmitteln zu lindern, Deine Beschwerden durch einschneidende Maßnahmen und belastende Ernährungsumstellungen zu verbessern. Vermutlich hast Du auch schon teilweise Erfolge erzielen können oder Du versuchst es von Misserfolg zu Misserfolg immer wieder.

Aber hast Du schon von Positiver Psychologie gehört? Eine wissenschaftlich belegte Maßnahme zur Kontrolle von chronischen Beschwerden? Kein Voodoo, kein Hokuspokus, keine Folklore, sondern ernsthafte Wissenschaft.

Die einleitenden Erklärungen geben Dir einen Überblick darüber, wie Dir die Maßnahmen der Positiven Psychologie helfen können, Deine

Lebenssituation zu verbessern und Deine Beschwerden in den Hintergrund treten lassen. Und das nur mit ein bisschen Willen und 15 Minuten am Tag. Zeit, die Du exzellent in Deine Gesundheit investieren kannst.

Erlaube Dir, unvoreingenommen und aktiv an Deinem Tagebuch mitzuwirken und spüre wie Deine Beschwerden von Tag zu Tag verschwinden, nur mit Deiner Kraft und den Maßnahmen der Positiven Psychologie.

Viel Erfolg mit Deinem Positiv-Tagebuch für den Bauch wünscht Dir

Prof. Dr. Martin Storr

# Inhaltsverzeichnis

# Einführung

## Was ist Positive Psychologie?

Positive Psychologie ist eine Sichtweise innerhalb der wissenschaftlichen Psychologie, die sich damit beschäftigt, dass sich unser Verhalten und unser Empfinden nicht durch Defizite in der Entwicklung, sondern durch ein zu wenig an Positivität erklären lassen. Während sich die defizitäre Psychologie, die den größeren Teil der Psychologie einnimmt, damit beschäftigt, dass Defizite erkannt und bearbeitet werden sollten, beschäftigt sich die positive Psychologie damit, dass die positiven Aspekte der individuellen Konstitution unterentwickelt sind und gestärkt werden sollten. In der therapeutischen Anwendung hilfreich sind beide dieser Sichtweisen und manchmal ist es auch sinnvoll beides zugleich anzuwenden. Die aufarbeitende, defizitäre Psychologie benötigt hierfür einen Therapeuten, der durch die Therapie begleitet. Die Positive Psychologie hingegen ist exzellent für die Selbstanwendung geeignet, da die Maßnahmen, nachdem diese verstanden wurden, eigenständig erfolgen können.

*Eine zentrale Methode der Positiven Psychologie ist der positive Tagesrückblick mit standardisierten Fragen. Erweiterte „warum" Fragen intensivieren das Nachdenken über das positiv Erlebte.*

Die Eigenschaften, die mit der positiven Psychologie gestärkt werden, sind vor allem die sogenannten Ich-stärkenden Eigenschaften, die das Erkennen und Beleben von eigenen Stärken und in der Folge das Wiederherstellen von Vertrauen, Optimismus, Geborgenheit, Dankbarkeit und Glück sowie das Erlernen von Verzeihen, Vergeben und das Akzeptieren von eigenen Schwächen ermöglichen will. Bei allen diesen Aspekten ist ein wichtiger Kern die eigene Wertschätzung, ein Aspekt der oftmals verkümmert ist, der aber durch üben wieder hergestellt werden kann.

# Erlernte Hilflosigkeit

Bahnbrechend war im Zusammenhang der positiven Psychologie das Konzept der erlernten Hilflosigkeit, das der Psychologe Martin Seligman beschreiben konnte. Bei der erlernten Hilflosigkeit geht es im Prinzip darum, dass negative Erfahrungen dazu führen können, dass Einzelne die Überzeugung verlieren, Ihre eigene Lebenssituation verändern zu können und nicht mehr erkennen, für ihre Lebenssituation selbst verantwortlich zu sein. Daran gilt es anzusetzen, denn dieses erlernte Verhalten ist ungünstig und kann, da es erlernt ist, durch erlernen neuer Verhaltensmuster günstig verändert werden.

Vereinfacht gesagt geht es zum Beispiel darum, dass eine mutmaßlich auslösende Situation zu Bauchschmerzen führt und diese Kombination von vermutetem Auslöser (z.B. Nahrungsaufnahme) und Folge (z.B.

Schmerzen) in unserem Gedächtnis dazu führt, dass der vermutete Auslöser (Nahrungsaufnahme) oder allein schon der Gedanke an den vermuteten Auslöser nun regelmäßig zur verknüpften Folge (Schmerzen) führt. Dabei bewertet unser Gedächtnis den Zusammenhang zwischen Auslöser und Folge nicht korrekt. Die Aspekte Erwartung der Folge, Angst vor der Folge, Machtlosigkeit gegenüber den vermuteten Auslösern und vermutetes Fehlen der Kontrolle über die als unangenehm bewerteten Zustände bestimmen nun das Verhalten. Dies verursacht Sorge, Angst, Verlust der Fähigkeit die unangenehmen Zustände abzustellen, Passivität, Selbstbeschränkung und Hilflosigkeit und wird nach Martin Seligman erlernte Hilflosigkeit genannt. Das Tückische an diesen Teufelskreisen ist, dass sie unbewusst ablaufen und dass die Fähigkeit, sich daraus zu befreien und sein Leben selbst in die Hand zu nehmen, verloren geht.

*Die Positive Psychologie legt ihren Fokus darauf zu beschreiben, was Menschen allgemein stärkt, ihr Wohlbefinden und ihr Selbstbild steigert und dadurch das Leben lebenswerter macht.*

Interessant ist, dass eigene Lösungsversuche oftmals darin münden, sich der vermuteten Auslöser zu entledigen. Ein Versuch, der sehr oft im Weglassen von diesem und jenem endet, bis wie im zuvor geschilderten Beispiel die Ernährung auf ein unbarmherziges Minimum reduziert wird, da die Überzeugung aufkommt auch alle anderen Nahrungsmittel verursachen Beschwerden. Genau hier setzt die positive Psychologie an, denn keiner von uns möchte sich sein Leben durch Einschränkungen zur Hölle machen, aber dorthin kann uns die eigene Psyche führen, wenn sie falsches erlernt. Erfreulich ist, und das haben zahlreiche wissenschaftliche Studien belegt, falsch Erlerntes kann durch die Maßnahmen der positiven Psychologie durch günstigeres erlerntes Verhalten in Vergessenheit gebracht werden, also selbst kontrolliert werden.

*Die Methoden der Positiven Psychologie sind wissenschaftlich evaluiert.*

Nimm aus diesen Beschreibungen folgendes mit: Negative Ereignisse wie Bauchschmerzen sind nicht selbstgemacht, zwangsläufig, allgegenwärtig und unveränderlich sondern können durch Stärkung des eigenen Ich-Gefühls, durch Erkennen der eigenen Stärken und Neubewertung des vermuteten Zusammenhangs zwischen Auslöser und Folge kontrolliert werden.

# Warum hilft Positive Psychologie bei Bauchbeschwerden verschiedenster Ursachen

Eine zentrale Frage, wie Positive Psychologie hilft Bauchbeschwerden verschiedenster Art zu kontrollieren, will ich Dir im Folgenden erklären.

Unsere Körperfunktionen, dazu gehören neben vielen anderen Funktionen auch Denken, Spüren, Emotionalität, Erinnern und Schmerzwahrnehmung, werden von unserem Nervensystem kontrolliert. Das Nervensystem unseres Körpers kann in ein zentrales Nervensystem und ein peripheres Nervensystem unterteilt werden. Diese beiden Nervensysteme sind sehr eng miteinander verknüpft. Gerade die Schmerzwahrnehmung ist bei diesen Verknüpfungen sehr interessant, denn Missempfindungen werden im Bereich des peripheren Nervensystems ausgelöst, vom zentralen Nervensystem dann aber interpretiert und in Wahrnehmungen übersetzt. Das bedeutet, ohne ein Zusammenspiel beider Nervensysteme könnten wir Missempfindungen nicht spüren, sie würden unspürbar bleiben.

*Positive Psychologie fördert das Umlernen von Aufmerksamkeit und Erinnerung.*

Diese beiden Nervensysteme werden in Ihrer Funktionsweise in ein eher willkürliches, bewusstes Nervensystem (Beispiel – Du hältst nun Deine Atmung an) und ein autonomes, unbewusstes Nervensystem (Beispiel auch im Schlaf atmest Du, ohne dass Du dies kontrollieren kannst, ganz von alleine) unterteilt werden. Das bedeutet, dass wir das bewusste Nervensystem direkt mit unserem Willen beeinflussen können (Ich zwicke mich in den Oberschenkel, das tut weh), wohingegen wir das unbewusste Nervensystem nur indirekt beeinflussen können, durch Positive Psychologie, Biofeedback, Autogenes Training, Achtsamkeitsbasierte Stressreduktion, Hypnotherapie und andere mentale Techniken.

Dieses Zusammenspiel ist bei der Entstehung und Wahrnehmung von Beschwerden von grundlegender Bedeutung und wird, wenn es den Bauch betrifft, Darm-Hirn-Achse genannt, kommt aber in dieser Form auch in jeder anderen Region vor, selbst wenn es hierfür keine Namen gibt, wie Harnblase-Hirn-Achse oder Uterus-Hirn-Achse. Diese Hirn-Achsen werden dem unbewussten Nervensystem zugerechnet und werden im positiven oder negativen nur ganz selten spürbar, beispielsweise wenn wir „Schmetterlinge im Bauch haben", eine „Bauchentscheidung treffen" oder „vor Angst in die Hose machen".

Während die Darm-Hirn-Achse die beschriebenen Mechanismen reguliert, wird die Interaktion der Nervensysteme mit den verschiedenen Umgebungseinflüssen als Bio-Psycho-Soziales Entstehungsmodell der Erkrankungen genannt. Genau an diesem Bio-Psycho-Sozialen Entstehungsmodell setzen die Methoden der Positiven Psychologie an. Es handelt sich daher um eine ursächliche Behandlungsmethode, die den verschiedenen symptomatischen Behandlungsmethoden (z.B. Medikamente), die nicht an der Ursache ansetzen, oftmals überlegen sind.

In meiner Sprechstundentätigkeit höre ich oft den Satz, „meine Familie kann das gleiche Essen, aber nur ich bekomme Schmerzen". Das lässt sich sehr gut erklären. Menschen nehmen gleiche Situationen unterschiedlich wahr und interpretieren diese Wahrnehmung auch unterschiedlich. Die Nervensysteme, die wahrnehmen und interpretieren sind hier ein Schlüssel, denn was unser Nervensystem gelernt hat, das wird es uns immer wiederspiegeln und nur was wir wahrnehmen wird zu unserer erlebten Realität.

Ein eher handlungsorientierter Mensch ist in der Lage, sich etwa nach einem Missgeschick nicht in Gedanken festzuhalten, sondern beispielsweise eigene Fehler zu identifizieren und neue Versuche zu wagen. Lageorientierte Menschen verfallen nach Misserfolgen hingegen ins Grübeln und können sich nicht von den Gedanken lösen. Vielmehr versuchen sie die Schuldfrage zu klären und neigen dazu sich selbst Vorwürfe zu machen oder andere Ursachen als Auslöser anzuschuldigen. Handlungsorientierte Menschen hingegen können eigene Fehler neutral identifizieren, können sich von den Gedanken lösen und haben dadurch Kraft, zukünftige Situationen besser zu meistern. Diese Menschen werden Vergangenes als wenig belastend mitnehmen.

# Selbsterfüllende Prophezeiung

In einer Weiterentwicklung dieser beiden Denkmuster hat der Soziologe Robert Merton das Konzept der selbsterfüllenden Prophezeiung beschrieben. Ein bildhaftes Beispiel der selbsterfüllenden Prophezeiung ist das Beispiel des Kommunikationswissenschaftlers Paul Watzlawick, der einen alten Mann beschrieb, der alle zehn Sekunden in die Hände klatscht. Nach dem Grund befragt, antwortet er „um die Elefanten zu verscheuchen". Den Hinweis darauf es gäbe hier keine Elefanten erwiderte er mit „Na also! Sehen Sie". Dieses Beispiel lässt sich vielfach auf das Vermeidungsverhalten von Menschen übertragen, die Verdauungsbeschwerden mit dem Meiden von Lebensmitteln in Zusammenhang bringen.

Diese psychologischen Modelle erklären, dass die Art, wie wir über Vergangenes nachdenken, einen sehr großen Einfluss auf unsere Wahrnehmung und auf unser Verhalten hat, Einflüsse, denen wir mit Positiver Psychologie begegnen können.

Genau hier kann Dir die Positive Psychologie helfen, die Deine unbewusste Regulation der Wahrnehmung und Bewertung negativer Aspekte beeinflusst und Dir hilft, Dein Schmerzgedächtnis zu verändern; die Deine Wahrnehmungsschwellen günstig beeinflusst und die Bewertung von negativen und positiven Aspekten verschiebt; die empfundene Schmerzen eben wieder ins Unbewusste verschiebt und Positives in den Vordergrund stellt. Dies funktioniert bei psychischen Erkrankungen ebenso gut wie bei körperlichen Beschwerden, denn die grundlegenden Mechanismen, die in den Nervensystemen reguliert werden, sind sehr ähnlich.

Sicherlich ist Dir schon aufgefallen, dass Du, um Schmerzen nicht aufkommen zu lassen, verschiedenstes vermeidest, dass Du aus Sorge, dass Du nicht schnell genug eine Toilette findest, das Haus nur ungern verlässt. Dies sind klassische Angstmechanismen, die sich in Deinen Nervensystemen eingeschlichen haben, das sind die Mechanismen, die Du loswerden möchtest. Diese entstandenen Angstmechanismen sind mit ein Grund, weswegen Menschen mit Beschwerden oftmals in die Psychoecke gestellt werden, denn das Umfeld kann Deine Schmerzen nicht wahrnehmen, erkennt aber die Angstmechanismen, die wiederum dem Betroffenen nicht klar genug erkennbar sind. Wissenschaftlich sind diese Interaktionen von Nervensystem und Beschwerdewahrnehmung im Bauch sehr gut bekannt, medizinisch werden diese von den spärlich gesäten speziell ausgebildeten Psychogastroenterologen behandelt, Ärzten die Nervensystem und Magen-Darmerkrankungen ganzheitlich behandeln.

Positive Psychologie ist exzellent geeignet diese Mechanismen zu korrigieren, Dir ein günstigeres Körpergefühl und Seelenleben zu ermöglichen und dadurch Deine Beschwerden aus eigener Kraft unter Kontrolle zu bringen.

# Misserfolge

Es geht in jedem Leben auf und ab. Kein Leben besteht aus einer täglich gleich verlaufenden Emotionalität, Erfolgs- oder Misserfolgslage. Bei den meisten Menschen wechseln Erfolge und Misserfolge ab, lediglich die Geschwindigkeit mit der sich all dies abspielt unterscheidet sich. Lass Dir von Deiner Umgebung nichts vorgaukeln. Menschen, die Dir erklären, Ihr Leben sei ein einziger Erfolg, Misserfolge gäbe es keine, sie seien durchgehend glücklich und zufrieden gibt es viele. Dem ist aber nicht so, denn auch diese Menschen erfahren das übliche Auf und Ab. Damit will ich nicht gesagt haben, dass diese Menschen aktiv lügen oder die Unwahrheit behaupten. Verschiedenste Gründe können zu dieser Art der Darstellung führen. Möglichkeit eins ist, diese Menschen wollen die Wahrheit nicht sagen, sie schwindeln also. Das kann daran liegen, dass sie sich eine positive Fassade herbeischwindeln, weil sie so gesehen werden wollen (streng genommen eine klassische Lüge) oder es kann sein, dass sie das Gespräch nicht mit Negativem belasten wollen, das wäre dann ein Verhaltensmuster der Positiven Psychologie.

Positive Psychologie bedeutet auch, wer über Positives spricht, wird positiv wahrgenommen und schafft sich dadurch eine positive Umgebung, die sich wiederum positiv auf die eigene Psyche auswirkt. Die Binsenweisheit „wie man in den Wald hineinruft, so schallt es heraus" beschreibt nichts anderes. Dies ist demnach eine Positive Psychologie mit Selbstverstärkung. Du kommunizierst positiv und dafür bekommst Du positive Kommunikation zurückgespiegelt. Eine solche Win-win-

Situation stärkt Deine Positiv-Bilanz, Du kannst demnach ernten, was Du gesät hast.

Hier lernst Du noch einen weiteren wichtigen Inhalt. Wenn Du Positives sähst, erntest Du positives, wenn Du Negatives sähst, erntest Du mit hoher Wahrscheinlichkeit Negatives. Negative Gesprächsinhalte, negative Emotionen, auf bewusster Ebene, auf unbewusster Ebene, die gesamte Palette eben. Aus diesem Grund sind folgende Vorsätze für Dich hilfreich.

**Vorsatz: Schließe einen Pakt mit dir selber. Bemühe Dich negative Erfahrungen und negative Emotionen aktiv nicht mehr zu besprechen. Weder mit Deinem Bekanntenkreis noch mit Deinen engeren Bezugspersonen.**

**Vorsatz: Lenke dich ab. Wenn negative Erfahrungen auftreten, wenn negative Emotionen oder Schmerzen spürbar werden dann lenke Deine Gedanken auf positive Erfahrungen und positive Emotionen.**

Am besten gelingt dies, indem Du Dich darauf vorbereitest, denn die Gedanken sind frei und selbstverständlich wirst Du auch weiterhin negative Gedanken, negative Erlebnisse und körperliche Beschwerden haben.

Lege Dir also ein paar Ablenkungsmanöver bereit. Möglicherweise bist Du kreativ genug Dir eigene positive Momente zu schaffen. Zu Beginn klingt das aber verständlicherweise etwas abstrakt. Lass mich für den Anfang also ein bisschen konkreter werden. Lade Dir auf dein Smartphone eine Musikliste mit für Dich positiv belegter Musik. Diese kannst du anhören, sobald negative Gedanken oder Beschwerden auftreten. Fange zum Beispiel mit dem *Sunshine Reggae* und der Achtsamkeitshymne *Ich mag* an. Lege Dir ein Fotoalbum vom letzten Urlaub in greifbare Nähe, dieses kannst Du aufschlagen, um positive Bilder zurückkommen zu lassen. Habe eine Yoga-DVD parat, mit dieser kannst Du Dich beschäftigen, sobald Du Dich ablenken möchtest oder habe eine Meditations-CD griffbereit, mit der Du Deine negativen Gedanken auf kleine Wolken setzt und ziehen lässt, egal wohin, Hauptsache fort.

**Erkenne wenn Du für jemand anderes Gutes getan hast und freue Dich darüber. Jemand anderem etwas Gutes zu tun, macht Dich selbst sehr glücklich.**

Beim ersten Durchlesen mögen Dir Diese Vorschläge banal vorkommen und bei den ersten Versuchen wird es Dir nicht so gelingen, wie Du es gerne hättest aber mit zunehmender konsequenter Anwendung all dieser einfachen Positiv-Aktivitäten wirst auch Du in den Genuss der Wirksamkeit der positiven Psychologie kommen. All diese einfachen

Maßnahmen sind Kernelemente der positiven Psychologie. Sie sind für jeden erlernbar, auch für Dich.

Positive Psychologie geht nicht von heute auf morgen. Verhaltensmuster, sowohl die bewussten vor allem aber auch die unbewussten sind aktiv änderbar. Es bedarf lediglich des Willens dazu und das konsequente Anwenden. Klinische Studien hierzu gibt es zahlreiche, aus diesen ist auch ableitbar wie lange es dauert bis die Effekte messbar werden und wie lange es dauert bis die Effekte spürbar werden. Aus vielen dieser Studien haben wir gelernt, dass schon nach kurzer Zeit, darunter verstehen Wissenschaftler, die sich mit positiver Psychologie beschäftigen, 14 Tage, messbare positive Wirkungen erkennbar werden und dass sich nach spätestens 2-4 Wochen auch die spürbaren positiven Effekte ausbreiten.

Sicherlich, wenn wir eine Kopfschmerztablette nehmen, dann erhalten wir im günstigsten Fall einen spürbar lindernden Effekt nach etwa 30 Minuten. So schnell geht es mit Veränderungen von Verhalten und Wahrnehmung aber leider nicht. Hier bedarf es eben etwas längerer Zeiträume. Der Vergleichszeitraum ist aber auch ein anderer. Die Mechanismen der neuronalen Plastizität, die sich im Nervensystem verankert haben und zu Bauchschmerzen oder anderen Missempfindungen führen, haben sich über viele Jahre entwickeln können. Insofern ist die Erwartungshaltung dass sich diese Mechanismen in 30 Minuten lösen lassen, nicht erfüllbar. Zeiträume von 14 Tagen bzw. 2-4 Wochen bis zu den ersten spürbaren Erfolgen sind daher in einem anderen Licht zu sehen und im Vergleich zu den Entstehungszeiträumen dann doch ganz schön flott.

Im Verlauf Deiner Aktivitäten werden Dir sicherlich auch noch weitere eigene positive Ablenkungsmanöver einfallen. Hilfreich ist beginnend nach etwa 2 Wochen auch das Stöbern in Deinem Positiv-Tagebuch, denn hier hast Du in der Zwischenzeit eine Vielzahl von eigenen positiven Aspekten Deines Lebens zusammengetragen. Ein unermesslicher Schatz, in dem Du regelmäßig blättern und stöbern möchtest um Dich immer wieder an die positiven Aspekte Deines Lebens zu erinnern.

*Positive Psychologie erhöht auch bei gesunden Menschen die Lebenszufriedenheit. Diese Wirkung ist noch viele Monate nach Beendigung der Tagebuchphase nachweisbar, führt demnach zu langanhaltenden Effekten.*

Die einleitenden Erklärungen beschreiben Dir nicht alle Aspekte der Positiven Psychologie, dafür ist dieses Tagebuch auch nicht gedacht. Wenn Dich die Positive Psychologie näher interessiert, dann gibt es hierzu umfangreichere Bücher, die Dir diese spannende Wissenschaft näher bringen. Ein paar davon habe ich im Anhang aufgelistet, damit Du eine kleine Auswahl hast. Sie sind alle lesenswert und bieten dem Interessierten in verständlicher Sprache tiefere Einblicke.

Das Führen eines Positiv-Tagebuchs und der Pakt mit sich selber nicht mehr über negative Aspekte der eigenen Körpererfahrung zu sprechen, sind die 2 zentralen Aspekte der Positiven Psychologie. Es sind aber nicht die einzigen Aspekte und aus diesem Grund ist es hilfreich, wenn Du Dir begleitend ein zusätzliches Buch gönnst. Dadurch erfährst Du auch von weiteren Möglichkeiten und von angelehnten Methoden wie der Hypnotherapie, der achtsamkeitsbasierten Stressreduktion, der progressiven Muskelrelaxation und von günstigen meditativen Aspekten von Yoga, alles Methoden, die die Wirksamkeit der Positiven Psychologie unterstützen können.

**Nicht der Berg ist es, den man bezwingt, sondern das eigene ich.**

**Edmund Hillary**

# Tagebuch

Dieses Tagebuch wird Dir helfen, den eigenen Fokus täglich auf das eigentlich Positive in Deinem Leben zu legen und nicht den Weg zu wählen, in den unangenehmen Dingen des Lebens zu versinken und den Beschwerden damit Entfaltungsraum zu gewähren. Erlaube Dir die positiven Dinge Deines Lebens zu erkennen, erlaube Dir Deine eigenen Stärken wahrzunehmen und erlaube Dir die Beschwerden in den Hintergrund treten zu lassen.

Bei den Ereignissen, die Du in Deinem Tagebuch notieren möchtest, geht es um die schönen Erfahrungen, die Du jeden Tag machst. Versuche nicht Großartiges zu erfassen, es passieren nicht jeden Tag Dinge von vorzüglicher Freude. Achte vielmehr bewusst auf die vielen kleinen Freuden, die Dir in Deinem Alltag auffallen. Auch die ganz kleinen positiven Aspekte, die Deinen Tag verschönert haben, sind es wert wahrgenommen zu werden und wollen festgehalten werden.

Denke über die schönen Dinge nicht nur nach, sondern schreibe Sie auch auf. Unser Gedächtnis funktioniert nicht nur über das Nachdenken, sondern gerade das Aufschreiben ermöglicht den Aufbau eines Schatzes an positiven Erinnerungen, die in das Langzeitgedächtnis übergehen, die Deine Selbstwahrnehmung verbessern und dein Selbstwertgefühl steigern, die Negatives in den Hintergrund treten lassen und die von Zeit zu Zeit auch wieder gelesen werden können.

Wenn Du möchtest teile diese positiven Dinge auch Deinem Umfeld mit, Deiner Partner*in, Deinen Freund*innen und Kolleg*innen. Sprich über Deine freudigen Erlebnisse und höre Dir die freudigen Erlebnisse anderer an, damit beschreitest Du einen weiteren Pfad der positiven Psychologie, den Pfad der positiven Rückmeldungen.

## Was ist begleitend sinnvoll?

Du solltest nicht zu viel auf einmal beginnen, um die Positive Psychologie für Dich zu nutzen. Der erste Schritt ist Dein Tagebuch. Wenn Du unterstützend eine entspannende Maßnahme ergänzen möchtest, dann bietet es sich an, regelmäßig progressive Muskelrelaxationen durchzuführen. Dieses Verfahren ist parallel zum Tagebuch vorteilhaft, da es im Gegensatz zu achtsamkeitsbasierter Stressreduktion oder Hypnotherapie keine vordergründige psychodynamische Aktivität mit sich bringt. Dadurch verhinderst Du, dass Du Dich mit psychologischen Techniken überstrapazierst. Denn Stress möchtest Du mit all diesen Maßnahmen nicht aufkommen lassen. 2-3 progressive Muskelrelaxationen pro Woche sind dann völlig ausreichend.

**Versuche tagsüber mehr zu lächeln, denn dieses Lächeln nimmt Dein Unbewusstsein als Fröhlichkeit war und darauf möchtest Du Dein Unbewusstsein trainieren.**

# Verlasse Deine üblichen Pfade

Um etwas zu ändern braucht es Veränderung. Wir fühlen uns sicher und geborgen, wenn wir immer die gleichen Wege benutzen. Denn diese sind uns bekannt. Um etwas zu verändern braucht es also Bewegung in eine andere Richtung, einen anderen Pfad. Wenn Dinge schief laufen, schieben wir diese gerne auf ein negatives Karma. Dieser Gedanke mag der naheliegendste sein, ist aber nicht zwangsläufig richtig.

Führen wir das Beispiel Karma fort. In den 12 Karma Grundsätzen steht nichts niedergeschrieben von Schicksal, das einem wiederfährt, ganz im Gegenteil. Der wichtigste Karmagrundsatz ist das Erkennen von Ursache und Wirkung. Dieser Grundsatz beschreibt, dass Deine Handlungen und Gedanken Konsequenzen für Dich selbst haben. Ein einfaches Beispiel will Dir dies näher erklären. Wenn Du jemanden anlächelst, wird die Person mit hoher Wahrscheinlichkeit zurücklächeln. Wenn Du hingegen jemandem grimmig begegnest, wird dieser mit Grimmigkeit reagieren oder sich zumindest abwenden. Das ist kein Schicksal, sondern Deine Handlung ist dann Ursache und Wirkung zugleich, Dein Karma eben.

Zu diesem Beispiel passt auch sehr gut der Aspekt der Selbstgerechtigkeit. Unter Selbstgerechtigkeit wird ein Verhaltensmuster verstanden, bei dem der Selbstgerechte sich mit anderen vergleicht und zur Überzeugung gelangt, sein Verhalten sei besser als das der Anderen. Das Gegenüber spürt den Vorwurf der Unterlegenheit und wird sich abwenden, so dass Selbstgerechtigkeit zwangsläufig dazu führt, dass einem negative Emotionalität zurück gespiegelt wird. Das gilt es zu vermeiden.

# Sei Achtsam

Plane Deinen Alltag achtsam und stecke Dir kleine Ziele, denn kleine Hürden lassen sich erfolgreich meistern und vermehren freudiges Selbstbewusstsein, große Ziele belasten oftmals und das nichterreichen führt zu negativer Selbstwahrnehmung, die Du verlernen möchtest.

Denke über Dich und Deine Ziele nach. Sind diese Ziele erreichbar? Möchtest Du diese Ziele überhaupt erreichen oder sind Dir andere Ziele wichtiger, die Du eigentlich verfolgen solltest?

**Ein Mensch ist immer Opfer seiner Wahrheiten.**

**Albert Camus**

Da Du Dich weiterentwickeln willst, möchtest Du Dir ab und an auch Gedanken über Situationen machen, die nicht so gut gelaufen sind. Denke dann auch intensiv über Deine Rolle nach und lass Dich nicht hinreißen, diese Situationen als unveränderbar, gottgegeben oder als Schicksal abzutun. Erlaube Dir Deine inneren Zensurmechanismen auszuschalten, nur Du selbst hörst Dir zu, sei ganz bei Dir selbst. Diese inneren Zensurmechanismen verhindern, dass Du ehrlich zu Dir sein kannst. Du brauchst keine Angst vor Ehrlichkeit Dir selbst gegenüber zu haben, denn Ehrlichkeit Dir selbst gegenüber ermöglicht Dir, eine höhere Stufe des Selbstwertgefühls zu betreten. Gestatte Dir nun auch folgende Fragen:

Was war Dein Anteil an dieser Situation, was hättest Du anders machen können, was nimmst Du daraus für die Zukunft mit?

## Belohne Dich

Belohnungen verursachen Freude und Glück. Daher solltest Du Dich regelmäßig belohnen. Aus wissenschaftlichen Untersuchungen wissen wir, dass gerade die Vorfreude einen sehr großen Einfluss auf die positive Wirkung von Belohnung hat. Dieses Wissen möchtest Du für Dich nutzen. Bereite Dich auf Deine Belohnungen vor. Wähle Dir etwas aus, dass Dir Freude bereitet, gönne Dir etwas. Plane die Belohnung und male Dir in Gedanken aus, wie Du Dich belohnst. Wähle in Gedanken die schönste dieser Belohnungen. Wenn es ein Gegenstand ist, mit dem Du Dich belohnen möchtest, dann fahre in die Stadt, gehe durch verschiedene Geschäfte um Dir die schönsten Belohnung auszuwählen. Vermeide hingegen die sofortige Befriedigung (instant gratification) durch einen Klick-Konsum im Internet, denn hiermit beraubst Du Dich all der Vorzüge der Vorfreude, der Planungsphase, der freudigen Fahrt in die Stadt und der freudigen Heimfahrt, bis du endlich auspacken darfst.

**Jeder Mensch hat die Chance, mindestens einen Teil der Welt zu verbessern, nämlich sich selbst."** Paul de Lagarde

# Schreibe einen Brief an Deinen Bauch.

Schreibe einen persönlichen Brief an Deinen Bauch. Schreibe darin alles auf, was Dich stört, belästigt oder schmerzt. Notiere auch welche Ursachen Du für diese Situation vermutest, welche Auslöser Du anschuldigst. Lasse nichts aus. Schreibe auch über Deine Emotionen, ist es Angst, Wut, Ekel oder Trauer? Wenn Du mit dem Brief fertig bist, lies diesen nochmals durch. Ist wirklich alles niedergeschrieben? Wenn Du fertig bist, stecke den Brief in einen Umschlag und lies ihn in 2 Wochen nochmals durch. Mache Dir dann über alle Inhalte Gedanken und nimm den Brief ernst. Ist das alles so wichtig, dass es Dich daran hindern sollte Dein Leben aktiv in die Hand zu nehmen? Sind all diese Dinge so bedeutend, dass sie Dich hindern sollten, die Glücksmomente, die Dein Alltag liefert, nicht wahrzunehmen? Stelle Dir vor, wie Du diesen Brief zerreißt, zerknüllst und wegwirfst. Genieße diesen Moment. Wenn Du fertig bist, stecke den Brief wieder in den Umschlag. Wiederhole das Durchlesen in weiteren 2 Wochen, so lange, bis Du den Brief wirklich zerreißen kannst, weil er Dir nicht mehr wichtig ist.

# Glück

Für Glück gibt es keine Pausschallösung. Jeden macht etwas anderes glücklich und jeder hat eine andere Vorstellung von einem erfüllten Leben. Überlege für Dich von Zeit zu Zeit, was genau Dich glücklich macht und was Deine Ziele sind. Denke auch darüber nach, was Du dazu beitragen kannst, diese Ziele zu erreichen und wie Du in Deinem Leben mehr Raum dafür schaffen kannst, was Dich glücklich macht.

Willenskraft ist trainierbar, Glück ist trainierbar, Zufriedenheit ist trainierbar und Dankbarkeit ist trainierbar. Werde Dir darüber klar, dass nahezu alles, was für ein glückliches und selbstbestimmtes Leben erforderlich ist, trainierbar ist. Du benötigst nur Zeit Dir darüber klar zu werden, Dir Deine Ziele und deinen Lebensweg zu definieren und Du benötigst Hilfsmittel wie dieses Tagebuch, um Dein Unbewusstsein in die Richtung zu bewegen, die Dich in der Erreichung Deiner Ziele unterstützt.

Schreibe Deine positiven Aspekte des Tages detailliert auf, so als würdest Du sie Dir erzählen und erkläre Dir was genau Dich daran glücklich gemacht hat.

*Die fundamentale Bedeutung der Positiven Psychologie wird noch deutlicher, wenn berücksichtigt wird, dass positive Emotionen die Wahrnehmung erweitern und es dadurch zu einem Aufbau von günstigen Ressourcen kommt. Die Positive Psychologie kann demnach eine generell positive Aufwärtsspirale in Gang setzen.*

# Anwendungshinweise

In Deinem Tagebuch werden Dir jeden Tag folgende Fragen gestellt. Im Anschluss an die Liste der Fragen findest Du Hinweise die Dir erklären, wie diese Fragen zu beantworten sind.

**Tägliche Fragen**

1) *Was ist heute schönes passiert, was hat mir heute Freude bereitet?*

2) *Warum sind diese Dinge passiert?*

3) *Wofür und wem kann ich heute dankbar sein?*

4) *Welche Stärken konnte ich heute ausleben, wo habe ich mich lebendig gefühlt?*

5) *Was hat mir heute gut geschmeckt?*

**Hinweise**

✓ Nimm Dir am Abend ausreichend Zeit für Dein Tagebuch. In den ersten 4 Wochen jeden Tag 10-15 Minuten. Nach 4 Wochen kannst Du auf 5-10 Minuten reduzieren, wenn Du willst.

- ✓ Führe das Tagebuch regelmäßig am Abend, denn am nächsten Morgen sind viele Erinnerungen des Vortages in Vergessenheit geraten.

- ✓ Versuche das Tagebuch an mindestens 6 Tagen in der Woche zu verwenden.

- ✓ Suche für Dein Tagebuch nicht nach großen Erlebnissen, sondern gehe entspannt an die Sache heran und bringe die kleinen Begebenheiten zu Papier.

- ✓ Versuche zu jeder Frage 3 Antworten aufzuschreiben.

- ✓ Vermeide den Druck, jeden Tag viel Text zu Papier zu bringen zu müssen, sondern lasse Deinen Gedanken einfach freien Lauf.

- ✓ Es gibt kein „Richtig" oder „Falsch", Du selbst gibst den Weg vor.

- ✓ Freue Dich tagsüber auf Dein Tagebuch und sammle im Laufe des Tages schon Gedanken, die Du am Abend notieren willst. Trainiere Dich dadurch auf eine positive Wahrnehmung. Deine innere Stimme sagt Dir „Ich will meine positiven Erlebnisse aufzeichnen", nicht „Ich muss meine positiven Erlebnisse aufzeichnen". Dadurch möchtest Du Dein Unbewusstes vom fremdbestimmten „Ich muss" zum selbstbewussten „Ich will" trainieren.

- ✓ Stelle sicher, dass Du bei Deinem Tagebuch nicht gestört wirst, ein Zeitpunkt kurz vor dem zu Bett gehen bietet sich hierfür an.

- ✓ Suche Dir einen sicheren Ort der Aufbewahrung und einen Ort, der Dich daran erinnert, dass Du Dein Tagebuch noch führen möchtest. Hierfür bietet sich Dein Nachttisch an, dann vergisst Du es nicht.

- ✓ Vergleiche Dich bei Deinen Tagebucheinträgen nicht mit anderen, sondern fokussiere auf Dich und Dein Leben.

- ✓ Begebe Dich nicht unter den Druck, ausschließlich das Positive wahrzunehmen und das Negative zu negieren. Selbstverständlich hast Du auch negative Erlebnisse und Gedanken. Diese willst Du nur nicht aufschreiben.

- ✓ Versuche jeden Tag verschiedene positive Aspekte Deines Tages zu identifizieren und nicht jeden Tag die gleichen.

- ✓ Nimm Dir am Ende Deiner täglichen Aufzeichnungen ausreichend Zeit, Dich über diese positiven Erlebnisse nochmals zu freuen.

- ✓ Führe das Tagebuch für mindestens 2 Monate, dann entscheide ob Du eine Pause einlegen oder das Tagebuch weiter führen möchtest.

# Der Glaube versetzt Berge

Mehr als 90% unserer täglichen Entscheidungen laufen im unbewussten ab. Daher haben Emotionen und Glaubenssätze, die wir erlernt haben, einen starken Einfluss auf unser Erleben im Alltag. Da wir solche Glaubenssätze durch Wiederholung von Gedanken beeinflussen können, bietet es sich an, jeden Abend nach dem Tagebucheintrag folgenden Satz zu lesen: Ich bin ein wertvoller Mensch, für die schönen Dinge, die ich heute erlebt habe bin ich dankbar und ich freue mich schon auf die schönen Dinge, die ich morgen erleben darf.

*Eine weitere erfolgreiche Methode der Positiven Psychologie ist das Dankbarkeitstagebuch. Auch beim Dankbarkeitstagebuch sind günstige Effekte wissenschaftlich belegt.*

# Zusatzfragen

An manchen Tagen wirst Du das Verlangen spüren, Dich etwas intensiver mit Deinem Tagebuch und Deinen Gedanken zu beschäftigen. Für Diese Tage findest Du hier einige Zusatzfragen, mit denen Du Dich beschäftigen kannst. In Deinem Tagebuch findest Du diese Zusatzfragen einmal pro Woche. Wähle selbstständig einen Tag aus, an dem Du diese Zusatzfragen beantwortest.

**Zusatzfragen:**

1) *Was hast Du diese Woche Gutes für jemand anderen getan?*

2) *Was ist in dieser Woche nicht so gut gelaufen und was ist mein Anteil daran?*

3) *Worüber hast Du diese Woche gelacht?*

4) *Was würde Deine nächste Woche zu einer sehr guten Woche machen?*

5) *Was könntest Du dazu beitragen, damit dies eintritt?*

# Positiv-Tagebuch

# für Deinen

# Bauch

☺ Mo – Di – (Mi) – Do – Fr – Sa - So     Datum: ........ *16.09.2020* ........

*Was ist heute schönes passiert, was hat mir heute Freude bereitet?*

Heute ist im Garten eine Sonnenblume aufgeblüht.

Die Sonne scheint heute kräftig, fühlt sich gut an.

Mein Bus war pünktlich, ohne Stress zur Arbeit, toll.

*Warum sind diese Dinge passiert?*

Blumen blühen auf, wie von selbst. Ich gieße regelmäßig.

Das Wetter passiert ganz von alleine.

Ich habe mal auf das Auto verzichtet, ist stressfreier.

*Wofür und wem kann ich heute dankbar sein?*

Der Busfahrer ist früh aufgestanden, damit er für mich den Bus fährt.

Wasser kommt aus dem Gartenschlauch, ich muss nicht mal eine

Kanne schleppen.

*Welche Stärken konnte ich heute ausleben, wo habe ich mich lebendig gefühlt?*

Habe meine Arbeit gut erledigt, ich bin zufrieden mit mir.

Habe ein Kompliment bekommen das hat mich gefreut.

Zu Fuß zum Bus gehen hat gut getan, mache ich morgen wieder.

*Was hat mir heute gut geschmeckt?*

Frühstück war lecker Blaubeeren im Müsli schmecken mir.

Mittagessen hat satt gemacht, der Ingwer Tee und die Pause waren gut.

Überall Essen kaufen zu können ist ein Luxus.

☺ Mo – Di – Mi – Do – Fr – Sa - So     Datum: ..............................

*Was ist heute schönes passiert, was hat mir heute Freude bereitet?*

......................................................................................................

......................................................................................................

......................................................................................................

*Warum sind diese Dinge passiert?*

......................................................................................................

......................................................................................................

......................................................................................................

*Wofür und wem kann ich heute dankbar sein?*

......................................................................................................

......................................................................................................

......................................................................................................

*Welche Stärken konnte ich heute ausleben, wo habe ich mich lebendig gefühlt?*

......................................................................................................

......................................................................................................

......................................................................................................

*Was hat mir heute gut geschmeckt?*

......................................................................................................

......................................................................................................

......................................................................................................

*Ich bin ein wertvoller Mensch, für die schönen Dinge, die ich heute erlebt habe, bin ich dankbar und ich freue mich schon auf die schönen Dinge, die ich morgen erleben darf.*

☺ Mo – Di – Mi – Do – Fr – Sa - So      Datum: ..............................

*Was ist heute schönes passiert, was hat mir heute Freude bereitet?*

..................................................................................
..................................................................................
..................................................................................

*Warum sind diese Dinge passiert?*

..................................................................................
..................................................................................
..................................................................................

*Wofür und wem kann ich heute dankbar sein?*

..................................................................................
..................................................................................
..................................................................................

*Welche Stärken konnte ich heute ausleben, wo habe ich mich lebendig gefühlt?*

..................................................................................
..................................................................................
..................................................................................

*Was hat mir heute gut geschmeckt?*

..................................................................................
..................................................................................
..................................................................................

*Ich bin ein wertvoller Mensch, für die schönen Dinge, die ich heute erlebt habe, bin ich dankbar und ich freue mich schon auf die schönen Dinge, die ich morgen erleben darf.*

☺ Mo – Di – Mi – Do – Fr – Sa - So     Datum: ..............................

*Was ist heute schönes passiert, was hat mir heute Freude bereitet?*

.................................................................................................
.................................................................................................
.................................................................................................

*Warum sind diese Dinge passiert?*

.................................................................................................
.................................................................................................
.................................................................................................

*Wofür und wem kann ich heute dankbar sein?*

.................................................................................................
.................................................................................................
.................................................................................................

*Welche Stärken konnte ich heute ausleben, wo habe ich mich lebendig gefühlt?*

.................................................................................................
.................................................................................................
.................................................................................................

*Was hat mir heute gut geschmeckt?*

.................................................................................................
.................................................................................................
.................................................................................................

*Ich bin ein wertvoller Mensch, für die schönen Dinge, die ich heute erlebt habe, bin ich dankbar und ich freue mich schon auf die schönen Dinge, die ich morgen erleben darf.*

☺ *Mo – Di – Mi – Do – Fr – Sa - So*     *Datum:* .............................

*Was ist heute schönes passiert, was hat mir heute Freude bereitet?*

..............................................................................................

..............................................................................................

..............................................................................................

*Warum sind diese Dinge passiert?*

..............................................................................................

..............................................................................................

..............................................................................................

*Wofür und wem kann ich heute dankbar sein?*

..............................................................................................

..............................................................................................

..............................................................................................

*Welche Stärken konnte ich heute ausleben, wo habe ich mich lebendig gefühlt?*

..............................................................................................

..............................................................................................

..............................................................................................

*Was hat mir heute gut geschmeckt?*

..............................................................................................

..............................................................................................

..............................................................................................

*Ich bin ein wertvoller Mensch, für die schönen Dinge, die ich heute erlebt habe, bin ich dankbar und ich freue mich schon auf die schönen Dinge, die ich morgen erleben darf.*

☺ Mo – Di – Mi – Do – Fr – Sa - So    Datum: .............................

*Was ist heute schönes passiert, was hat mir heute Freude bereitet?*

..................................................................................

..................................................................................

..................................................................................

*Warum sind diese Dinge passiert?*

..................................................................................

..................................................................................

..................................................................................

*Wofür und wem kann ich heute dankbar sein?*

..................................................................................

..................................................................................

..................................................................................

*Welche Stärken konnte ich heute ausleben, wo habe ich mich lebendig gefühlt?*

..................................................................................

..................................................................................

..................................................................................

*Was hat mir heute gut geschmeckt?*

..................................................................................

..................................................................................

..................................................................................

*Ich bin ein wertvoller Mensch, für die schönen Dinge, die ich heute erlebt habe, bin ich dankbar und ich freue mich schon auf die schönen Dinge, die ich morgen erleben darf.*

☺ *Mo – Di – Mi – Do – Fr – Sa - So*     *Datum:* .............................

*Was ist heute schönes passiert, was hat mir heute Freude bereitet?*

.................................................................................

.................................................................................

.................................................................................

*Warum sind diese Dinge passiert?*

.................................................................................

.................................................................................

.................................................................................

*Wofür und wem kann ich heute dankbar sein?*

.................................................................................

.................................................................................

.................................................................................

*Welche Stärken konnte ich heute ausleben, wo habe ich mich lebendig gefühlt?*

.................................................................................

.................................................................................

.................................................................................

*Was hat mir heute gut geschmeckt?*

.................................................................................

.................................................................................

.................................................................................

*Ich bin ein wertvoller Mensch, für die schönen Dinge, die ich heute erlebt habe, bin ich dankbar und ich freue mich schon auf die schönen Dinge, die ich morgen erleben darf.*

☺ Mo – Di – Mi – Do – Fr – Sa - So     Datum: ..............................

*Was ist heute schönes passiert, was hat mir heute Freude bereitet?*

.................................................................................................

.................................................................................................

.................................................................................................

*Warum sind diese Dinge passiert?*

.................................................................................................

.................................................................................................

.................................................................................................

*Wofür und wem kann ich heute dankbar sein?*

.................................................................................................

.................................................................................................

.................................................................................................

*Welche Stärken konnte ich heute ausleben, wo habe ich mich lebendig gefühlt?*

.................................................................................................

.................................................................................................

.................................................................................................

*Was hat mir heute gut geschmeckt?*

.................................................................................................

.................................................................................................

.................................................................................................

*Ich bin ein wertvoller Mensch, für die schönen Dinge, die ich heute erlebt habe, bin ich dankbar und ich freue mich schon auf die schönen Dinge, die ich morgen erleben darf.*

☺ *Brief an meinen Bauch*　　　　　*Datum:* ...............................

*Mein Lieber Bauch,*

*folgendes wollte ich Dir schon immer schreiben*

........................................................................................

........................................................................................

........................................................................................

........................................................................................

........................................................................................

........................................................................................

........................................................................................

........................................................................................

........................................................................................

........................................................................................

........................................................................................

........................................................................................

........................................................................................

........................................................................................

........................................................................................

........................................................................................

........................................................................................

........................................................................................

........................................................................................

........................................................................................

☺ Wöchentliche *Zusatzfragen*　　　*Datum:* ...........................

*Was hast Du diese Woche Gutes für jemand anderen getan?*

..............................................................................

..............................................................................

..............................................................................

*Was ist in dieser Woche nicht so gut gelaufen und was ist mein Anteil daran?*

..............................................................................

..............................................................................

..............................................................................

*Worüber hast Du diese Woche gelacht?*

..............................................................................

..............................................................................

..............................................................................

*Was würde Deine nächste Woche zu einer sehr guten Woche machen?*

..............................................................................

..............................................................................

..............................................................................

*Was könntest Du dazu beitragen, dass dies eintritt?*

..............................................................................

..............................................................................

..............................................................................

☺ *Mo – Di – Mi – Do – Fr – Sa - So*    *Datum:* .............................

*Was ist heute schönes passiert, was hat mir heute Freude bereitet?*

...............................................................................

...............................................................................

...............................................................................

*Warum sind diese Dinge passiert?*

...............................................................................

...............................................................................

...............................................................................

*Wofür und wem kann ich heute dankbar sein?*

...............................................................................

...............................................................................

...............................................................................

*Welche Stärken konnte ich heute ausleben, wo habe ich mich lebendig gefühlt?*

...............................................................................

...............................................................................

...............................................................................

*Was hat mir heute gut geschmeckt?*

...............................................................................

...............................................................................

...............................................................................

*Ich bin ein wertvoller Mensch, für die schönen Dinge, die ich heute erlebt habe, bin ich dankbar und ich freue mich schon auf die schönen Dinge, die ich morgen erleben darf.*

☺ Mo – Di – Mi – Do – Fr – Sa - So    Datum: .............................

*Was ist heute schönes passiert, was hat mir heute Freude bereitet?*

..................................................................................

..................................................................................

..................................................................................

*Warum sind diese Dinge passiert?*

..................................................................................

..................................................................................

..................................................................................

*Wofür und wem kann ich heute dankbar sein?*

..................................................................................

..................................................................................

..................................................................................

*Welche Stärken konnte ich heute ausleben, wo habe ich mich lebendig gefühlt?*

..................................................................................

..................................................................................

..................................................................................

*Was hat mir heute gut geschmeckt?*

..................................................................................

..................................................................................

..................................................................................

*Ich bin ein wertvoller Mensch, für die schönen Dinge, die ich heute erlebt habe, bin ich dankbar und ich freue mich schon auf die schönen Dinge, die ich morgen erleben darf.*

☺ *Mo – Di – Mi – Do – Fr – Sa - So*     *Datum: ...........................*

*Was ist heute schönes passiert, was hat mir heute Freude bereitet?*

.......................................................................................................

.......................................................................................................

.......................................................................................................

*Warum sind diese Dinge passiert?*

.......................................................................................................

.......................................................................................................

.......................................................................................................

*Wofür und wem kann ich heute dankbar sein?*

.......................................................................................................

.......................................................................................................

.......................................................................................................

*Welche Stärken konnte ich heute ausleben, wo habe ich mich lebendig gefühlt?*

.......................................................................................................

.......................................................................................................

.......................................................................................................

*Was hat mir heute gut geschmeckt?*

.......................................................................................................

.......................................................................................................

.......................................................................................................

*Ich bin ein wertvoller Mensch, für die schönen Dinge, die ich heute erlebt habe, bin ich dankbar und ich freue mich schon auf die schönen Dinge, die ich morgen erleben darf.*

☺ *Mo – Di – Mi – Do – Fr – Sa - So     Datum:* .............................

*Was ist heute schönes passiert, was hat mir heute Freude bereitet?*

........................................................................................

........................................................................................

........................................................................................

*Warum sind diese Dinge passiert?*

........................................................................................

........................................................................................

........................................................................................

*Wofür und wem kann ich heute dankbar sein?*

........................................................................................

........................................................................................

........................................................................................

*Welche Stärken konnte ich heute ausleben, wo habe ich mich lebendig gefühlt?*

........................................................................................

........................................................................................

........................................................................................

*Was hat mir heute gut geschmeckt?*

........................................................................................

........................................................................................

........................................................................................

*Ich bin ein wertvoller Mensch, für die schönen Dinge, die ich heute erlebt habe, bin ich dankbar und ich freue mich schon auf die schönen Dinge, die ich morgen erleben darf.*

☺ Mo – Di – Mi – Do – Fr – Sa - So     Datum: ..............................

*Was ist heute schönes passiert, was hat mir heute Freude bereitet?*

......................................................................................

......................................................................................

......................................................................................

*Warum sind diese Dinge passiert?*

......................................................................................

......................................................................................

......................................................................................

*Wofür und wem kann ich heute dankbar sein?*

......................................................................................

......................................................................................

......................................................................................

*Welche Stärken konnte ich heute ausleben, wo habe ich mich lebendig gefühlt?*

......................................................................................

......................................................................................

......................................................................................

*Was hat mir heute gut geschmeckt?*

......................................................................................

......................................................................................

......................................................................................

*Ich bin ein wertvoller Mensch, für die schönen Dinge, die ich heute erlebt habe, bin ich dankbar und ich freue mich schon auf die schönen Dinge, die ich morgen erleben darf.*

☺ Mo – Di – Mi – Do – Fr – Sa - So     Datum: ..............................

*Was ist heute schönes passiert, was hat mir heute Freude bereitet?*

...................................................................................................

...................................................................................................

...................................................................................................

*Warum sind diese Dinge passiert?*

...................................................................................................

...................................................................................................

...................................................................................................

*Wofür und wem kann ich heute dankbar sein?*

...................................................................................................

...................................................................................................

...................................................................................................

*Welche Stärken konnte ich heute ausleben, wo habe ich mich lebendig gefühlt?*

...................................................................................................

...................................................................................................

...................................................................................................

*Was hat mir heute gut geschmeckt?*

...................................................................................................

...................................................................................................

...................................................................................................

*Ich bin ein wertvoller Mensch, für die schönen Dinge, die ich heute erlebt habe, bin ich dankbar und ich freue mich schon auf die schönen Dinge, die ich morgen erleben darf.*

☺ *Mo – Di – Mi – Do – Fr – Sa - So*     *Datum: ...........................*

*Was ist heute schönes passiert, was hat mir heute Freude bereitet?*

.........................................................................................

.........................................................................................

.........................................................................................

*Warum sind diese Dinge passiert?*

.........................................................................................

.........................................................................................

.........................................................................................

*Wofür und wem kann ich heute dankbar sein?*

.........................................................................................

.........................................................................................

.........................................................................................

*Welche Stärken konnte ich heute ausleben, wo habe ich mich lebendig gefühlt?*

.........................................................................................

.........................................................................................

.........................................................................................

*Was hat mir heute gut geschmeckt?*

.........................................................................................

.........................................................................................

.........................................................................................

*Ich bin ein wertvoller Mensch, für die schönen Dinge, die ich heute erlebt habe, bin ich dankbar und ich freue mich schon auf die schönen Dinge, die ich morgen erleben darf.*

☺ Wöchentliche *Zusatzfragen*          *Datum:* ...........................

*Was hast Du diese Woche Gutes für jemand anderen getan?*

.................................................................................

.................................................................................

.................................................................................

*Was ist in dieser Woche nicht so gut gelaufen und was ist mein Anteil daran?*

.................................................................................

.................................................................................

.................................................................................

*Worüber hast Du diese Woche gelacht?*

.................................................................................

.................................................................................

.................................................................................

*Was würde Deine nächste Woche zu einer sehr guten Woche machen?*

.................................................................................

.................................................................................

.................................................................................

*Was könntest Du dazu beitragen, dass dies eintritt?*

.................................................................................

.................................................................................

.................................................................................

☺ Mo – Di – Mi – Do – Fr – Sa - So     Datum: ............................

*Was ist heute schönes passiert, was hat mir heute Freude bereitet?*

............................................................................................

............................................................................................

............................................................................................

*Warum sind diese Dinge passiert?*

............................................................................................

............................................................................................

............................................................................................

*Wofür und wem kann ich heute dankbar sein?*

............................................................................................

............................................................................................

............................................................................................

*Welche Stärken konnte ich heute ausleben, wo habe ich mich lebendig gefühlt?*

............................................................................................

............................................................................................

............................................................................................

*Was hat mir heute gut geschmeckt?*

............................................................................................

............................................................................................

............................................................................................

*Ich bin ein wertvoller Mensch, für die schönen Dinge, die ich heute erlebt habe, bin ich dankbar und ich freue mich schon auf die schönen Dinge, die ich morgen erleben darf.*

☺ Mo – Di – Mi – Do – Fr – Sa - So     Datum: ...........................

*Was ist heute schönes passiert, was hat mir heute Freude bereitet?*

........................................................................................

........................................................................................

........................................................................................

*Warum sind diese Dinge passiert?*

........................................................................................

........................................................................................

........................................................................................

*Wofür und wem kann ich heute dankbar sein?*

........................................................................................

........................................................................................

........................................................................................

*Welche Stärken konnte ich heute ausleben, wo habe ich mich lebendig gefühlt?*

........................................................................................

........................................................................................

........................................................................................

*Was hat mir heute gut geschmeckt?*

........................................................................................

........................................................................................

........................................................................................

*Ich bin ein wertvoller Mensch, für die schönen Dinge, die ich heute erlebt habe, bin ich dankbar und ich freue mich schon auf die schönen Dinge, die ich morgen erleben darf.*

☺ *Mo – Di – Mi – Do – Fr – Sa - So    Datum:* .............................

*Was ist heute schönes passiert, was hat mir heute Freude bereitet?*

...................................................................................

...................................................................................

...................................................................................

*Warum sind diese Dinge passiert?*

...................................................................................

...................................................................................

...................................................................................

*Wofür und wem kann ich heute dankbar sein?*

...................................................................................

...................................................................................

...................................................................................

*Welche Stärken konnte ich heute ausleben, wo habe ich mich lebendig gefühlt?*

...................................................................................

...................................................................................

...................................................................................

*Was hat mir heute gut geschmeckt?*

...................................................................................

...................................................................................

...................................................................................

*Ich bin ein wertvoller Mensch, für die schönen Dinge, die ich heute erlebt habe, bin ich dankbar und ich freue mich schon auf die schönen Dinge, die ich morgen erleben darf.*

☺ Mo – Di – Mi – Do – Fr – Sa - So    Datum: .............................

*Was ist heute schönes passiert, was hat mir heute Freude bereitet?*

..................................................................................

..................................................................................

..................................................................................

*Warum sind diese Dinge passiert?*

..................................................................................

..................................................................................

..................................................................................

*Wofür und wem kann ich heute dankbar sein?*

..................................................................................

..................................................................................

..................................................................................

*Welche Stärken konnte ich heute ausleben, wo habe ich mich lebendig gefühlt?*

..................................................................................

..................................................................................

..................................................................................

*Was hat mir heute gut geschmeckt?*

..................................................................................

..................................................................................

..................................................................................

*Ich bin ein wertvoller Mensch, für die schönen Dinge, die ich heute erlebt habe, bin ich dankbar und ich freue mich schon auf die schönen Dinge, die ich morgen erleben darf.*

☺ Mo – Di – Mi – Do – Fr – Sa - So     Datum: ...........................

*Was ist heute schönes passiert, was hat mir heute Freude bereitet?*

..................................................................................................

..................................................................................................

..................................................................................................

*Warum sind diese Dinge passiert?*

..................................................................................................

..................................................................................................

..................................................................................................

*Wofür und wem kann ich heute dankbar sein?*

..................................................................................................

..................................................................................................

..................................................................................................

*Welche Stärken konnte ich heute ausleben, wo habe ich mich lebendig gefühlt?*

..................................................................................................

..................................................................................................

..................................................................................................

*Was hat mir heute gut geschmeckt?*

..................................................................................................

..................................................................................................

..................................................................................................

*Ich bin ein wertvoller Mensch, für die schönen Dinge, die ich heute erlebt habe, bin ich dankbar und ich freue mich schon auf die schönen Dinge, die ich morgen erleben darf.*

☺ Mo – Di – Mi – Do – Fr – Sa - So    Datum: ...........................

*Was ist heute schönes passiert, was hat mir heute Freude bereitet?*

..................................................................................
..................................................................................
..................................................................................

*Warum sind diese Dinge passiert?*

..................................................................................
..................................................................................
..................................................................................

*Wofür und wem kann ich heute dankbar sein?*

..................................................................................
..................................................................................
..................................................................................

*Welche Stärken konnte ich heute ausleben, wo habe ich mich lebendig gefühlt?*

..................................................................................
..................................................................................
..................................................................................

*Was hat mir heute gut geschmeckt?*

..................................................................................
..................................................................................
..................................................................................

*Ich bin ein wertvoller Mensch, für die schönen Dinge, die ich heute erlebt habe, bin ich dankbar und ich freue mich schon auf die schönen Dinge, die ich morgen erleben darf.*

☺ Mo – Di – Mi – Do – Fr – Sa - So    Datum: .............................

*Was ist heute schönes passiert, was hat mir heute Freude bereitet?*

.................................................................................
.................................................................................
.................................................................................

*Warum sind diese Dinge passiert?*

.................................................................................
.................................................................................
.................................................................................

*Wofür und wem kann ich heute dankbar sein?*

.................................................................................
.................................................................................
.................................................................................

*Welche Stärken konnte ich heute ausleben, wo habe ich mich lebendig gefühlt?*

.................................................................................
.................................................................................
.................................................................................

*Was hat mir heute gut geschmeckt?*

.................................................................................
.................................................................................
.................................................................................

*Ich bin ein wertvoller Mensch, für die schönen Dinge, die ich heute erlebt habe, bin ich dankbar und ich freue mich schon auf die schönen Dinge, die ich morgen erleben darf.*

☺ Wöchentliche *Zusatzfragen*                 *Datum:* ...............................

*Was hast Du diese Woche Gutes für jemand anderen getan?*

...............................................................................................

...............................................................................................

...............................................................................................

*Was ist in dieser Woche nicht so gut gelaufen und was ist mein Anteil daran?*

...............................................................................................

...............................................................................................

...............................................................................................

*Worüber hast Du diese Woche gelacht?*

...............................................................................................

...............................................................................................

...............................................................................................

*Was würde Deine nächste Woche zu einer sehr guten Woche machen?*

...............................................................................................

...............................................................................................

...............................................................................................

*Was könntest Du dazu beitragen, dass dies eintritt?*

...............................................................................................

...............................................................................................

...............................................................................................

☺ *Mo – Di – Mi – Do – Fr – Sa - So*     *Datum:* .............................

*Was ist heute schönes passiert, was hat mir heute Freude bereitet?*

...................................................................................................

...................................................................................................

...................................................................................................

*Warum sind diese Dinge passiert?*

...................................................................................................

...................................................................................................

...................................................................................................

*Wofür und wem kann ich heute dankbar sein?*

...................................................................................................

...................................................................................................

...................................................................................................

*Welche Stärken konnte ich heute ausleben, wo habe ich mich lebendig gefühlt?*

...................................................................................................

...................................................................................................

...................................................................................................

*Was hat mir heute gut geschmeckt?*

...................................................................................................

...................................................................................................

...................................................................................................

*Ich bin ein wertvoller Mensch, für die schönen Dinge, die ich heute erlebt habe, bin ich dankbar und ich freue mich schon auf die schönen Dinge, die ich morgen erleben darf.*

☺ *Mo – Di – Mi – Do – Fr – Sa - So     Datum:* .............................

*Was ist heute schönes passiert, was hat mir heute Freude bereitet?*

.......................................................................................................

.......................................................................................................

.......................................................................................................

*Warum sind diese Dinge passiert?*

.......................................................................................................

.......................................................................................................

.......................................................................................................

*Wofür und wem kann ich heute dankbar sein?*

.......................................................................................................

.......................................................................................................

.......................................................................................................

*Welche Stärken konnte ich heute ausleben, wo habe ich mich lebendig gefühlt?*

.......................................................................................................

.......................................................................................................

.......................................................................................................

*Was hat mir heute gut geschmeckt?*

.......................................................................................................

.......................................................................................................

.......................................................................................................

*Ich bin ein wertvoller Mensch, für die schönen Dinge, die ich heute erlebt habe, bin ich dankbar und ich freue mich schon auf die schönen Dinge, die ich morgen erleben darf.*

☺ Mo – Di – Mi – Do – Fr – Sa - So    Datum: ............................

*Was ist heute schönes passiert, was hat mir heute Freude bereitet?*

..........................................................................

..........................................................................

..........................................................................

*Warum sind diese Dinge passiert?*

..........................................................................

..........................................................................

..........................................................................

*Wofür und wem kann ich heute dankbar sein?*

..........................................................................

..........................................................................

..........................................................................

*Welche Stärken konnte ich heute ausleben, wo habe ich mich lebendig gefühlt?*

..........................................................................

..........................................................................

..........................................................................

*Was hat mir heute gut geschmeckt?*

..........................................................................

..........................................................................

..........................................................................

*Ich bin ein wertvoller Mensch, für die schönen Dinge, die ich heute erlebt habe, bin ich dankbar und ich freue mich schon auf die schönen Dinge, die ich morgen erleben darf.*

☺ Mo – Di – Mi – Do – Fr – Sa - So     Datum: ............................

*Was ist heute schönes passiert, was hat mir heute Freude bereitet?*

........................................................................

........................................................................

........................................................................

*Warum sind diese Dinge passiert?*

........................................................................

........................................................................

........................................................................

*Wofür und wem kann ich heute dankbar sein?*

........................................................................

........................................................................

........................................................................

*Welche Stärken konnte ich heute ausleben, wo habe ich mich lebendig gefühlt?*

........................................................................

........................................................................

........................................................................

*Was hat mir heute gut geschmeckt?*

........................................................................

........................................................................

........................................................................

*Ich bin ein wertvoller Mensch, für die schönen Dinge, die ich heute erlebt habe, bin ich dankbar und ich freue mich schon auf die schönen Dinge, die ich morgen erleben darf.*

☺ Mo – Di – Mi – Do – Fr – Sa - So     Datum: ...............................

*Was ist heute schönes passiert, was hat mir heute Freude bereitet?*

................................................................................

................................................................................

................................................................................

*Warum sind diese Dinge passiert?*

................................................................................

................................................................................

................................................................................

*Wofür und wem kann ich heute dankbar sein?*

................................................................................

................................................................................

................................................................................

*Welche Stärken konnte ich heute ausleben, wo habe ich mich lebendig gefühlt?*

................................................................................

................................................................................

................................................................................

*Was hat mir heute gut geschmeckt?*

................................................................................

................................................................................

................................................................................

*Ich bin ein wertvoller Mensch, für die schönen Dinge, die ich heute erlebt habe, bin ich dankbar und ich freue mich schon auf die schönen Dinge, die ich morgen erleben darf.*

☺ Mo – Di – Mi – Do – Fr – Sa - So     Datum: ..............................

*Was ist heute schönes passiert, was hat mir heute Freude bereitet?*

..................................................................................................................

..................................................................................................................

..................................................................................................................

*Warum sind diese Dinge passiert?*

..................................................................................................................

..................................................................................................................

..................................................................................................................

*Wofür und wem kann ich heute dankbar sein?*

..................................................................................................................

..................................................................................................................

..................................................................................................................

*Welche Stärken konnte ich heute ausleben, wo habe ich mich lebendig gefühlt?*

..................................................................................................................

..................................................................................................................

..................................................................................................................

*Was hat mir heute gut geschmeckt?*

..................................................................................................................

..................................................................................................................

..................................................................................................................

*Ich bin ein wertvoller Mensch, für die schönen Dinge, die ich heute erlebt habe, bin ich dankbar und ich freue mich schon auf die schönen Dinge, die ich morgen erleben darf.*

☺ *Mo – Di – Mi – Do – Fr – Sa - So      Datum:* ...........................

*Was ist heute schönes passiert, was hat mir heute Freude bereitet?*

..................................................................................

..................................................................................

..................................................................................

*Warum sind diese Dinge passiert?*

..................................................................................

..................................................................................

..................................................................................

*Wofür und wem kann ich heute dankbar sein?*

..................................................................................

..................................................................................

..................................................................................

*Welche Stärken konnte ich heute ausleben, wo habe ich mich lebendig gefühlt?*

..................................................................................

..................................................................................

..................................................................................

*Was hat mir heute gut geschmeckt?*

..................................................................................

..................................................................................

..................................................................................

*Ich bin ein wertvoller Mensch, für die schönen Dinge, die ich heute erlebt habe, bin ich dankbar und ich freue mich schon auf die schönen Dinge, die ich morgen erleben darf.*

☺ Wöchentliche *Zusatzfragen*          *Datum:* ………………………..

*Was hast Du diese Woche Gutes für jemand anderen getan?*

………………………………………………………………………………

………………………………………………………………………………

………………………………………………………………………………

*Was ist in dieser Woche nicht so gut gelaufen und was ist mein Anteil daran?*

………………………………………………………………………………

………………………………………………………………………………

………………………………………………………………………………

*Worüber hast Du diese Woche gelacht?*

………………………………………………………………………………

………………………………………………………………………………

………………………………………………………………………………

*Was würde Deine nächste Woche zu einer sehr guten Woche machen?*

………………………………………………………………………………

………………………………………………………………………………

………………………………………………………………………………

*Was könntest Du dazu beitragen, dass dies eintritt?*

………………………………………………………………………………

………………………………………………………………………………

………………………………………………………………………………

☺ Mo – Di – Mi – Do – Fr – Sa - So    Datum: ............................

*Was ist heute schönes passiert, was hat mir heute Freude bereitet?*

...................................................................................

...................................................................................

...................................................................................

*Warum sind diese Dinge passiert?*

...................................................................................

...................................................................................

...................................................................................

*Wofür und wem kann ich heute dankbar sein?*

...................................................................................

...................................................................................

...................................................................................

*Welche Stärken konnte ich heute ausleben, wo habe ich mich lebendig gefühlt?*

...................................................................................

...................................................................................

...................................................................................

*Was hat mir heute gut geschmeckt?*

...................................................................................

...................................................................................

...................................................................................

*Ich bin ein wertvoller Mensch, für die schönen Dinge, die ich heute erlebt habe, bin ich dankbar und ich freue mich schon auf die schönen Dinge, die ich morgen erleben darf.*

☺ Mo – Di – Mi – Do – Fr – Sa - So    Datum: ............................

*Was ist heute schönes passiert, was hat mir heute Freude bereitet?*

......................................................................................

......................................................................................

......................................................................................

*Warum sind diese Dinge passiert?*

......................................................................................

......................................................................................

......................................................................................

*Wofür und wem kann ich heute dankbar sein?*

......................................................................................

......................................................................................

......................................................................................

*Welche Stärken konnte ich heute ausleben, wo habe ich mich lebendig gefühlt?*

......................................................................................

......................................................................................

......................................................................................

*Was hat mir heute gut geschmeckt?*

......................................................................................

......................................................................................

......................................................................................

*Ich bin ein wertvoller Mensch, für die schönen Dinge, die ich heute erlebt habe, bin ich dankbar und ich freue mich schon auf die schönen Dinge, die ich morgen erleben darf.*

☺ Mo – Di – Mi – Do – Fr – Sa - So    Datum: ...........................

*Was ist heute schönes passiert, was hat mir heute Freude bereitet?*

...................................................................................

...................................................................................

...................................................................................

*Warum sind diese Dinge passiert?*

...................................................................................

...................................................................................

...................................................................................

*Wofür und wem kann ich heute dankbar sein?*

...................................................................................

...................................................................................

...................................................................................

*Welche Stärken konnte ich heute ausleben, wo habe ich mich lebendig gefühlt?*

...................................................................................

...................................................................................

...................................................................................

*Was hat mir heute gut geschmeckt?*

...................................................................................

...................................................................................

...................................................................................

*Ich bin ein wertvoller Mensch, für die schönen Dinge, die ich heute erlebt habe, bin ich dankbar und ich freue mich schon auf die schönen Dinge, die ich morgen erleben darf.*

☺ Mo – Di – Mi – Do – Fr – Sa - So     Datum: ..............................

*Was ist heute schönes passiert, was hat mir heute Freude bereitet?*

.......................................................................................................

.......................................................................................................

.......................................................................................................

*Warum sind diese Dinge passiert?*

.......................................................................................................

.......................................................................................................

.......................................................................................................

*Wofür und wem kann ich heute dankbar sein?*

.......................................................................................................

.......................................................................................................

.......................................................................................................

*Welche Stärken konnte ich heute ausleben, wo habe ich mich lebendig gefühlt?*

.......................................................................................................

.......................................................................................................

.......................................................................................................

*Was hat mir heute gut geschmeckt?*

.......................................................................................................

.......................................................................................................

.......................................................................................................

*Ich bin ein wertvoller Mensch, für die schönen Dinge, die ich heute erlebt habe, bin ich dankbar und ich freue mich schon auf die schönen Dinge, die ich morgen erleben darf.*

☺ Mo – Di – Mi – Do – Fr – Sa - So    Datum: ...............................

*Was ist heute schönes passiert, was hat mir heute Freude bereitet?*

.........................................................................................

.........................................................................................

.........................................................................................

*Warum sind diese Dinge passiert?*

.........................................................................................

.........................................................................................

.........................................................................................

*Wofür und wem kann ich heute dankbar sein?*

.........................................................................................

.........................................................................................

.........................................................................................

*Welche Stärken konnte ich heute ausleben, wo habe ich mich lebendig gefühlt?*

.........................................................................................

.........................................................................................

.........................................................................................

*Was hat mir heute gut geschmeckt?*

.........................................................................................

.........................................................................................

.........................................................................................

*Ich bin ein wertvoller Mensch, für die schönen Dinge, die ich heute erlebt habe, bin ich dankbar und ich freue mich schon auf die schönen Dinge, die ich morgen erleben darf.*

☺ *Mo – Di – Mi – Do – Fr – Sa - So      Datum:* ...........................

*Was ist heute schönes passiert, was hat mir heute Freude bereitet?*

.........................................................................................

.........................................................................................

.........................................................................................

*Warum sind diese Dinge passiert?*

.........................................................................................

.........................................................................................

.........................................................................................

*Wofür und wem kann ich heute dankbar sein?*

.........................................................................................

.........................................................................................

.........................................................................................

*Welche Stärken konnte ich heute ausleben, wo habe ich mich lebendig gefühlt?*

.........................................................................................

.........................................................................................

.........................................................................................

*Was hat mir heute gut geschmeckt?*

.........................................................................................

.........................................................................................

.........................................................................................

*Ich bin ein wertvoller Mensch, für die schönen Dinge, die ich heute erlebt habe, bin ich dankbar und ich freue mich schon auf die schönen Dinge, die ich morgen erleben darf.*

☺ *Mo – Di – Mi – Do – Fr – Sa - So*     *Datum:* ...............................

*Was ist heute schönes passiert, was hat mir heute Freude bereitet?*

................................................................................

................................................................................

................................................................................

*Warum sind diese Dinge passiert?*

................................................................................

................................................................................

................................................................................

*Wofür und wem kann ich heute dankbar sein?*

................................................................................

................................................................................

................................................................................

*Welche Stärken konnte ich heute ausleben, wo habe ich mich lebendig gefühlt?*

................................................................................

................................................................................

................................................................................

*Was hat mir heute gut geschmeckt?*

................................................................................

................................................................................

................................................................................

*Ich bin ein wertvoller Mensch, für die schönen Dinge, die ich heute erlebt habe, bin ich dankbar und ich freue mich schon auf die schönen Dinge, die ich morgen erleben darf.*

☺ Wöchentliche *Zusatzfragen*          *Datum:* ...........................

*Was hast Du diese Woche Gutes für jemand anderen getan?*

...................................................................
...................................................................
...................................................................

*Was ist in dieser Woche nicht so gut gelaufen und was ist mein Anteil daran?*

...................................................................
...................................................................
...................................................................

*Worüber hast Du diese Woche gelacht?*

...................................................................
...................................................................
...................................................................

*Was würde Deine nächste Woche zu einer sehr guten Woche machen?*

...................................................................
...................................................................
...................................................................

*Was könntest Du dazu beitragen, dass dies eintritt?*

...................................................................
...................................................................
...................................................................

☺ Mo – Di – Mi – Do – Fr – Sa - So    Datum: ...............................

*Was ist heute schönes passiert, was hat mir heute Freude bereitet?*

.........................................................................................................
.........................................................................................................
.........................................................................................................

*Warum sind diese Dinge passiert?*

.........................................................................................................
.........................................................................................................
.........................................................................................................

*Wofür und wem kann ich heute dankbar sein?*

.........................................................................................................
.........................................................................................................
.........................................................................................................

*Welche Stärken konnte ich heute ausleben, wo habe ich mich lebendig gefühlt?*

.........................................................................................................
.........................................................................................................
.........................................................................................................

*Was hat mir heute gut geschmeckt?*

.........................................................................................................
.........................................................................................................
.........................................................................................................

*Ich bin ein wertvoller Mensch, für die schönen Dinge, die ich heute erlebt habe, bin ich dankbar und ich freue mich schon auf die schönen Dinge, die ich morgen erleben darf.*

☺ *Mo – Di – Mi – Do – Fr – Sa - So*      *Datum:* ...........................

*Was ist heute schönes passiert, was hat mir heute Freude bereitet?*

...................................................................

...................................................................

...................................................................

*Warum sind diese Dinge passiert?*

...................................................................

...................................................................

...................................................................

*Wofür und wem kann ich heute dankbar sein?*

...................................................................

...................................................................

...................................................................

*Welche Stärken konnte ich heute ausleben, wo habe ich mich lebendig gefühlt?*

...................................................................

...................................................................

...................................................................

*Was hat mir heute gut geschmeckt?*

...................................................................

...................................................................

...................................................................

*Ich bin ein wertvoller Mensch, für die schönen Dinge, die ich heute erlebt habe, bin ich dankbar und ich freue mich schon auf die schönen Dinge, die ich morgen erleben darf.*

☺ Mo – Di – Mi – Do – Fr – Sa - So     Datum: ...........................

*Was ist heute schönes passiert, was hat mir heute Freude bereitet?*

..............................................................................
..............................................................................
..............................................................................

*Warum sind diese Dinge passiert?*

..............................................................................
..............................................................................
..............................................................................

*Wofür und wem kann ich heute dankbar sein?*

..............................................................................
..............................................................................
..............................................................................

*Welche Stärken konnte ich heute ausleben, wo habe ich mich lebendig gefühlt?*

..............................................................................
..............................................................................
..............................................................................

*Was hat mir heute gut geschmeckt?*

..............................................................................
..............................................................................
..............................................................................

*Ich bin ein wertvoller Mensch, für die schönen Dinge, die ich heute erlebt habe, bin ich dankbar und ich freue mich schon auf die schönen Dinge, die ich morgen erleben darf.*

☺ Mo – Di – Mi – Do – Fr – Sa - So     Datum: ...........................

*Was ist heute schönes passiert, was hat mir heute Freude bereitet?*

.................................................................................
.................................................................................
.................................................................................

*Warum sind diese Dinge passiert?*

.................................................................................
.................................................................................
.................................................................................

*Wofür und wem kann ich heute dankbar sein?*

.................................................................................
.................................................................................
.................................................................................

*Welche Stärken konnte ich heute ausleben, wo habe ich mich lebendig gefühlt?*

.................................................................................
.................................................................................
.................................................................................

*Was hat mir heute gut geschmeckt?*

.................................................................................
.................................................................................
.................................................................................

*Ich bin ein wertvoller Mensch, für die schönen Dinge, die ich heute erlebt habe, bin ich dankbar und ich freue mich schon auf die schönen Dinge, die ich morgen erleben darf.*

☺ Mo – Di – Mi – Do – Fr – Sa - So     Datum: ..............................

*Was ist heute schönes passiert, was hat mir heute Freude bereitet?*

..............................................................................................

..............................................................................................

..............................................................................................

*Warum sind diese Dinge passiert?*

..............................................................................................

..............................................................................................

..............................................................................................

*Wofür und wem kann ich heute dankbar sein?*

..............................................................................................

..............................................................................................

..............................................................................................

*Welche Stärken konnte ich heute ausleben, wo habe ich mich lebendig gefühlt?*

..............................................................................................

..............................................................................................

..............................................................................................

*Was hat mir heute gut geschmeckt?*

..............................................................................................

..............................................................................................

..............................................................................................

*Ich bin ein wertvoller Mensch, für die schönen Dinge, die ich heute erlebt habe, bin ich dankbar und ich freue mich schon auf die schönen Dinge, die ich morgen erleben darf.*

☺ Mo – Di – Mi – Do – Fr – Sa - So     Datum: ...........................

*Was ist heute schönes passiert, was hat mir heute Freude bereitet?*

........................................................................................

........................................................................................

........................................................................................

*Warum sind diese Dinge passiert?*

........................................................................................

........................................................................................

........................................................................................

*Wofür und wem kann ich heute dankbar sein?*

........................................................................................

........................................................................................

........................................................................................

*Welche Stärken konnte ich heute ausleben, wo habe ich mich lebendig gefühlt?*

........................................................................................

........................................................................................

........................................................................................

*Was hat mir heute gut geschmeckt?*

........................................................................................

........................................................................................

........................................................................................

*Ich bin ein wertvoller Mensch, für die schönen Dinge, die ich heute erlebt habe, bin ich dankbar und ich freue mich schon auf die schönen Dinge, die ich morgen erleben darf.*

☺ Mo – Di – Mi – Do – Fr – Sa - So    Datum: .............................

*Was ist heute schönes passiert, was hat mir heute Freude bereitet?*

..................................................................................

..................................................................................

..................................................................................

*Warum sind diese Dinge passiert?*

..................................................................................

..................................................................................

..................................................................................

*Wofür und wem kann ich heute dankbar sein?*

..................................................................................

..................................................................................

..................................................................................

*Welche Stärken konnte ich heute ausleben, wo habe ich mich lebendig gefühlt?*

..................................................................................

..................................................................................

..................................................................................

*Was hat mir heute gut geschmeckt?*

..................................................................................

..................................................................................

..................................................................................

*Ich bin ein wertvoller Mensch, für die schönen Dinge, die ich heute erlebt habe, bin ich dankbar und ich freue mich schon auf die schönen Dinge, die ich morgen erleben darf.*

☺ Wöchentliche *Zusatzfragen*          *Datum:* .............................

*Was hast Du diese Woche Gutes für jemand anderen getan?*

.................................................................................

.................................................................................

.................................................................................

*Was ist in dieser Woche nicht so gut gelaufen und was ist mein Anteil daran?*

.................................................................................

.................................................................................

.................................................................................

*Worüber hast Du diese Woche gelacht?*

.................................................................................

.................................................................................

.................................................................................

*Was würde Deine nächste Woche zu einer sehr guten Woche machen?*

.................................................................................

.................................................................................

.................................................................................

*Was könntest Du dazu beitragen, dass dies eintritt?*

.................................................................................

.................................................................................

.................................................................................

☺ *Mo – Di – Mi – Do – Fr – Sa - So*     *Datum:* ..............................

*Was ist heute schönes passiert, was hat mir heute Freude bereitet?*

...............................................................................................

...............................................................................................

...............................................................................................

*Warum sind diese Dinge passiert?*

...............................................................................................

...............................................................................................

...............................................................................................

*Wofür und wem kann ich heute dankbar sein?*

...............................................................................................

...............................................................................................

...............................................................................................

*Welche Stärken konnte ich heute ausleben, wo habe ich mich lebendig gefühlt?*

...............................................................................................

...............................................................................................

...............................................................................................

*Was hat mir heute gut geschmeckt?*

...............................................................................................

...............................................................................................

...............................................................................................

*Ich bin ein wertvoller Mensch, für die schönen Dinge, die ich heute erlebt habe, bin ich dankbar und ich freue mich schon auf die schönen Dinge, die ich morgen erleben darf.*

☺ Mo – Di – Mi – Do – Fr – Sa - So     Datum: ..............................

*Was ist heute schönes passiert, was hat mir heute Freude bereitet?*

........................................................................................

........................................................................................

........................................................................................

*Warum sind diese Dinge passiert?*

........................................................................................

........................................................................................

........................................................................................

*Wofür und wem kann ich heute dankbar sein?*

........................................................................................

........................................................................................

........................................................................................

*Welche Stärken konnte ich heute ausleben, wo habe ich mich lebendig gefühlt?*

........................................................................................

........................................................................................

........................................................................................

*Was hat mir heute gut geschmeckt?*

........................................................................................

........................................................................................

........................................................................................

*Ich bin ein wertvoller Mensch, für die schönen Dinge, die ich heute erlebt habe, bin ich dankbar und ich freue mich schon auf die schönen Dinge, die ich morgen erleben darf.*

☺ Mo – Di – Mi – Do – Fr – Sa - So     Datum: ............................

*Was ist heute schönes passiert, was hat mir heute Freude bereitet?*

.................................................................................
.................................................................................
.................................................................................

*Warum sind diese Dinge passiert?*

.................................................................................
.................................................................................
.................................................................................

*Wofür und wem kann ich heute dankbar sein?*

.................................................................................
.................................................................................
.................................................................................

*Welche Stärken konnte ich heute ausleben, wo habe ich mich lebendig gefühlt?*

.................................................................................
.................................................................................
.................................................................................

*Was hat mir heute gut geschmeckt?*

.................................................................................
.................................................................................
.................................................................................

*Ich bin ein wertvoller Mensch, für die schönen Dinge, die ich heute erlebt habe, bin ich dankbar und ich freue mich schon auf die schönen Dinge, die ich morgen erleben darf.*

☺ Mo – Di – Mi – Do – Fr – Sa - So     Datum: ...........................

*Was ist heute schönes passiert, was hat mir heute Freude bereitet?*

..................................................................................

..................................................................................

..................................................................................

*Warum sind diese Dinge passiert?*

..................................................................................

..................................................................................

..................................................................................

*Wofür und wem kann ich heute dankbar sein?*

..................................................................................

..................................................................................

..................................................................................

*Welche Stärken konnte ich heute ausleben, wo habe ich mich lebendig gefühlt?*

..................................................................................

..................................................................................

..................................................................................

*Was hat mir heute gut geschmeckt?*

..................................................................................

..................................................................................

..................................................................................

*Ich bin ein wertvoller Mensch, für die schönen Dinge, die ich heute erlebt habe, bin ich dankbar und ich freue mich schon auf die schönen Dinge, die ich morgen erleben darf.*

☺ Mo – Di – Mi – Do – Fr – Sa - So     Datum: ..............................

*Was ist heute schönes passiert, was hat mir heute Freude bereitet?*

................................................................................

................................................................................

................................................................................

*Warum sind diese Dinge passiert?*

................................................................................

................................................................................

................................................................................

*Wofür und wem kann ich heute dankbar sein?*

................................................................................

................................................................................

................................................................................

*Welche Stärken konnte ich heute ausleben, wo habe ich mich lebendig gefühlt?*

................................................................................

................................................................................

................................................................................

*Was hat mir heute gut geschmeckt?*

................................................................................

................................................................................

................................................................................

*Ich bin ein wertvoller Mensch, für die schönen Dinge, die ich heute erlebt habe, bin ich dankbar und ich freue mich schon auf die schönen Dinge, die ich morgen erleben darf.*

☺ Mo – Di – Mi – Do – Fr – Sa - So    Datum: ............................

*Was ist heute schönes passiert, was hat mir heute Freude bereitet?*

................................................................................................

................................................................................................

................................................................................................

*Warum sind diese Dinge passiert?*

................................................................................................

................................................................................................

................................................................................................

*Wofür und wem kann ich heute dankbar sein?*

................................................................................................

................................................................................................

................................................................................................

*Welche Stärken konnte ich heute ausleben, wo habe ich mich lebendig gefühlt?*

................................................................................................

................................................................................................

................................................................................................

*Was hat mir heute gut geschmeckt?*

................................................................................................

................................................................................................

................................................................................................

*Ich bin ein wertvoller Mensch, für die schönen Dinge, die ich heute erlebt habe, bin ich dankbar und ich freue mich schon auf die schönen Dinge, die ich morgen erleben darf.*

☺ *Mo – Di – Mi – Do – Fr – Sa - So*     *Datum:* ...............................

*Was ist heute schönes passiert, was hat mir heute Freude bereitet?*

.................................................................................................

.................................................................................................

.................................................................................................

*Warum sind diese Dinge passiert?*

.................................................................................................

.................................................................................................

.................................................................................................

*Wofür und wem kann ich heute dankbar sein?*

.................................................................................................

.................................................................................................

.................................................................................................

*Welche Stärken konnte ich heute ausleben, wo habe ich mich lebendig gefühlt?*

.................................................................................................

.................................................................................................

.................................................................................................

*Was hat mir heute gut geschmeckt?*

.................................................................................................

.................................................................................................

.................................................................................................

*Ich bin ein wertvoller Mensch, für die schönen Dinge, die ich heute erlebt habe, bin ich dankbar und ich freue mich schon auf die schönen Dinge, die ich morgen erleben darf.*

☺ Wöchentliche *Zusatzfragen*          *Datum:* ...........................

*Was hast Du diese Woche Gutes für jemand anderen getan?*

...................................................................................

...................................................................................

...................................................................................

*Was ist in dieser Woche nicht so gut gelaufen und was ist mein Anteil daran?*

...................................................................................

...................................................................................

...................................................................................

*Worüber hast Du diese Woche gelacht?*

...................................................................................

...................................................................................

...................................................................................

*Was würde Deine nächste Woche zu einer sehr guten Woche machen?*

...................................................................................

...................................................................................

...................................................................................

*Was könntest Du dazu beitragen, dass dies eintritt?*

...................................................................................

...................................................................................

...................................................................................

☺ *Mo – Di – Mi – Do – Fr – Sa - So*     *Datum:* .............................

*Was ist heute schönes passiert, was hat mir heute Freude bereitet?*

..................................................................................................

..................................................................................................

..................................................................................................

*Warum sind diese Dinge passiert?*

..................................................................................................

..................................................................................................

..................................................................................................

*Wofür und wem kann ich heute dankbar sein?*

..................................................................................................

..................................................................................................

..................................................................................................

*Welche Stärken konnte ich heute ausleben, wo habe ich mich lebendig gefühlt?*

..................................................................................................

..................................................................................................

..................................................................................................

*Was hat mir heute gut geschmeckt?*

..................................................................................................

..................................................................................................

..................................................................................................

*Ich bin ein wertvoller Mensch, für die schönen Dinge, die ich heute erlebt habe, bin ich dankbar und ich freue mich schon auf die schönen Dinge, die ich morgen erleben darf.*

☺ Mo – Di – Mi – Do – Fr – Sa - So     Datum: .............................

*Was ist heute schönes passiert, was hat mir heute Freude bereitet?*

..................................................................................

..................................................................................

..................................................................................

*Warum sind diese Dinge passiert?*

..................................................................................

..................................................................................

..................................................................................

*Wofür und wem kann ich heute dankbar sein?*

..................................................................................

..................................................................................

..................................................................................

*Welche Stärken konnte ich heute ausleben, wo habe ich mich lebendig gefühlt?*

..................................................................................

..................................................................................

..................................................................................

*Was hat mir heute gut geschmeckt?*

..................................................................................

..................................................................................

..................................................................................

*Ich bin ein wertvoller Mensch, für die schönen Dinge, die ich heute erlebt habe, bin ich dankbar und ich freue mich schon auf die schönen Dinge, die ich morgen erleben darf.*

☺ *Mo – Di – Mi – Do – Fr – Sa - So*     *Datum:* .............................

*Was ist heute schönes passiert, was hat mir heute Freude bereitet?*

........................................................................................................

........................................................................................................

........................................................................................................

*Warum sind diese Dinge passiert?*

........................................................................................................

........................................................................................................

........................................................................................................

*Wofür und wem kann ich heute dankbar sein?*

........................................................................................................

........................................................................................................

........................................................................................................

*Welche Stärken konnte ich heute ausleben, wo habe ich mich lebendig gefühlt?*

........................................................................................................

........................................................................................................

........................................................................................................

*Was hat mir heute gut geschmeckt?*

........................................................................................................

........................................................................................................

........................................................................................................

*Ich bin ein wertvoller Mensch, für die schönen Dinge, die ich heute erlebt habe, bin ich dankbar und ich freue mich schon auf die schönen Dinge, die ich morgen erleben darf.*

☺ Mo – Di – Mi – Do – Fr – Sa - So     Datum: ...........................

*Was ist heute schönes passiert, was hat mir heute Freude bereitet?*

..................................................................................

..................................................................................

..................................................................................

*Warum sind diese Dinge passiert?*

..................................................................................

..................................................................................

..................................................................................

*Wofür und wem kann ich heute dankbar sein?*

..................................................................................

..................................................................................

..................................................................................

*Welche Stärken konnte ich heute ausleben, wo habe ich mich lebendig gefühlt?*

..................................................................................

..................................................................................

..................................................................................

*Was hat mir heute gut geschmeckt?*

..................................................................................

..................................................................................

..................................................................................

*Ich bin ein wertvoller Mensch, für die schönen Dinge, die ich heute erlebt habe, bin ich dankbar und ich freue mich schon auf die schönen Dinge, die ich morgen erleben darf.*

☺ Mo – Di – Mi – Do – Fr – Sa - So     Datum: ...............................

*Was ist heute schönes passiert, was hat mir heute Freude bereitet?*

..................................................................................................
..................................................................................................
..................................................................................................

*Warum sind diese Dinge passiert?*

..................................................................................................
..................................................................................................
..................................................................................................

*Wofür und wem kann ich heute dankbar sein?*

..................................................................................................
..................................................................................................
..................................................................................................

*Welche Stärken konnte ich heute ausleben, wo habe ich mich lebendig gefühlt?*

..................................................................................................
..................................................................................................
..................................................................................................

*Was hat mir heute gut geschmeckt?*

..................................................................................................
..................................................................................................
..................................................................................................

*Ich bin ein wertvoller Mensch, für die schönen Dinge, die ich heute erlebt habe, bin ich dankbar und ich freue mich schon auf die schönen Dinge, die ich morgen erleben darf.*

☺ Mo – Di – Mi – Do – Fr – Sa - So     Datum: ..............................

*Was ist heute schönes passiert, was hat mir heute Freude bereitet?*

.................................................................................

.................................................................................

.................................................................................

*Warum sind diese Dinge passiert?*

.................................................................................

.................................................................................

.................................................................................

*Wofür und wem kann ich heute dankbar sein?*

.................................................................................

.................................................................................

.................................................................................

*Welche Stärken konnte ich heute ausleben, wo habe ich mich lebendig gefühlt?*

.................................................................................

.................................................................................

.................................................................................

*Was hat mir heute gut geschmeckt?*

.................................................................................

.................................................................................

.................................................................................

*Ich bin ein wertvoller Mensch, für die schönen Dinge, die ich heute erlebt habe, bin ich dankbar und ich freue mich schon auf die schönen Dinge, die ich morgen erleben darf.*

☺ Mo – Di – Mi – Do – Fr – Sa - So     Datum: ............................

*Was ist heute schönes passiert, was hat mir heute Freude bereitet?*

.................................................................................

.................................................................................

.................................................................................

*Warum sind diese Dinge passiert?*

.................................................................................

.................................................................................

.................................................................................

*Wofür und wem kann ich heute dankbar sein?*

.................................................................................

.................................................................................

.................................................................................

*Welche Stärken konnte ich heute ausleben, wo habe ich mich lebendig gefühlt?*

.................................................................................

.................................................................................

.................................................................................

*Was hat mir heute gut geschmeckt?*

.................................................................................

.................................................................................

.................................................................................

*Ich bin ein wertvoller Mensch, für die schönen Dinge, die ich heute erlebt habe, bin ich dankbar und ich freue mich schon auf die schönen Dinge, die ich morgen erleben darf.*

☺ Wöchentliche *Zusatzfragen*          *Datum:* ................................

*Was hast Du diese Woche Gutes für jemand anderen getan?*

..................................................................................................

..................................................................................................

..................................................................................................

*Was ist in dieser Woche nicht so gut gelaufen und was ist mein Anteil daran?*

..................................................................................................

..................................................................................................

..................................................................................................

*Worüber hast Du diese Woche gelacht?*

..................................................................................................

..................................................................................................

..................................................................................................

*Was würde Deine nächste Woche zu einer sehr guten Woche machen?*

..................................................................................................

..................................................................................................

..................................................................................................

*Was könntest Du dazu beitragen, dass dies eintritt?*

..................................................................................................

..................................................................................................

..................................................................................................

☺ *Mo – Di – Mi – Do – Fr – Sa - So    Datum:* .............................

*Was ist heute schönes passiert, was hat mir heute Freude bereitet?*

...............................................................................
...............................................................................
...............................................................................

*Warum sind diese Dinge passiert?*

...............................................................................
...............................................................................
...............................................................................

*Wofür und wem kann ich heute dankbar sein?*

...............................................................................
...............................................................................
...............................................................................

*Welche Stärken konnte ich heute ausleben, wo habe ich mich lebendig gefühlt?*

...............................................................................
...............................................................................
...............................................................................

*Was hat mir heute gut geschmeckt?*

...............................................................................
...............................................................................
...............................................................................

*Ich bin ein wertvoller Mensch, für die schönen Dinge, die ich heute erlebt habe, bin ich dankbar und ich freue mich schon auf die schönen Dinge, die ich morgen erleben darf.*

☺ Mo – Di – Mi – Do – Fr – Sa - So    Datum: ...........................

*Was ist heute schönes passiert, was hat mir heute Freude bereitet?*

.................................................................................

.................................................................................

.................................................................................

*Warum sind diese Dinge passiert?*

.................................................................................

.................................................................................

.................................................................................

*Wofür und wem kann ich heute dankbar sein?*

.................................................................................

.................................................................................

.................................................................................

*Welche Stärken konnte ich heute ausleben, wo habe ich mich lebendig gefühlt?*

.................................................................................

.................................................................................

.................................................................................

*Was hat mir heute gut geschmeckt?*

.................................................................................

.................................................................................

.................................................................................

*Ich bin ein wertvoller Mensch, für die schönen Dinge, die ich heute erlebt habe, bin ich dankbar und ich freue mich schon auf die schönen Dinge, die ich morgen erleben darf.*

☺ Mo – Di – Mi – Do – Fr – Sa - So    Datum: ...............................

*Was ist heute schönes passiert, was hat mir heute Freude bereitet?*

.................................................................................
.................................................................................
.................................................................................

*Warum sind diese Dinge passiert?*

.................................................................................
.................................................................................
.................................................................................

*Wofür und wem kann ich heute dankbar sein?*

.................................................................................
.................................................................................
.................................................................................

*Welche Stärken konnte ich heute ausleben, wo habe ich mich lebendig gefühlt?*

.................................................................................
.................................................................................
.................................................................................

*Was hat mir heute gut geschmeckt?*

.................................................................................
.................................................................................
.................................................................................

*Ich bin ein wertvoller Mensch, für die schönen Dinge, die ich heute erlebt habe, bin ich dankbar und ich freue mich schon auf die schönen Dinge, die ich morgen erleben darf.*

☺ Mo – Di – Mi – Do – Fr – Sa - So    Datum: ..............................

*Was ist heute schönes passiert, was hat mir heute Freude bereitet?*

........................................................................................................

........................................................................................................

........................................................................................................

*Warum sind diese Dinge passiert?*

........................................................................................................

........................................................................................................

........................................................................................................

*Wofür und wem kann ich heute dankbar sein?*

........................................................................................................

........................................................................................................

........................................................................................................

*Welche Stärken konnte ich heute ausleben, wo habe ich mich lebendig gefühlt?*

........................................................................................................

........................................................................................................

........................................................................................................

*Was hat mir heute gut geschmeckt?*

........................................................................................................

........................................................................................................

........................................................................................................

*Ich bin ein wertvoller Mensch, für die schönen Dinge, die ich heute erlebt habe, bin ich dankbar und ich freue mich schon auf die schönen Dinge, die ich morgen erleben darf.*

☺ Mo – Di – Mi – Do – Fr – Sa - So    Datum: ...............................

*Was ist heute schönes passiert, was hat mir heute Freude bereitet?*

...............................................................................

...............................................................................

...............................................................................

*Warum sind diese Dinge passiert?*

...............................................................................

...............................................................................

...............................................................................

*Wofür und wem kann ich heute dankbar sein?*

...............................................................................

...............................................................................

...............................................................................

*Welche Stärken konnte ich heute ausleben, wo habe ich mich lebendig gefühlt?*

...............................................................................

...............................................................................

...............................................................................

*Was hat mir heute gut geschmeckt?*

...............................................................................

...............................................................................

...............................................................................

*Ich bin ein wertvoller Mensch, für die schönen Dinge, die ich heute erlebt habe, bin ich dankbar und ich freue mich schon auf die schönen Dinge, die ich morgen erleben darf.*

☺ Mo – Di – Mi – Do – Fr – Sa - So     Datum: ..............................

*Was ist heute schönes passiert, was hat mir heute Freude bereitet?*

..........................................................................................
..........................................................................................
..........................................................................................

*Warum sind diese Dinge passiert?*

..........................................................................................
..........................................................................................
..........................................................................................

*Wofür und wem kann ich heute dankbar sein?*

..........................................................................................
..........................................................................................
..........................................................................................

*Welche Stärken konnte ich heute ausleben, wo habe ich mich lebendig gefühlt?*

..........................................................................................
..........................................................................................
..........................................................................................

*Was hat mir heute gut geschmeckt?*

..........................................................................................
..........................................................................................
..........................................................................................

*Ich bin ein wertvoller Mensch, für die schönen Dinge, die ich heute erlebt habe, bin ich dankbar und ich freue mich schon auf die schönen Dinge, die ich morgen erleben darf.*

☺ *Mo – Di – Mi – Do – Fr – Sa - So*     *Datum:* .................................

*Was ist heute schönes passiert, was hat mir heute Freude bereitet?*

..................................................................................

..................................................................................

..................................................................................

*Warum sind diese Dinge passiert?*

..................................................................................

..................................................................................

..................................................................................

*Wofür und wem kann ich heute dankbar sein?*

..................................................................................

..................................................................................

..................................................................................

*Welche Stärken konnte ich heute ausleben, wo habe ich mich lebendig gefühlt?*

..................................................................................

..................................................................................

..................................................................................

*Was hat mir heute gut geschmeckt?*

..................................................................................

..................................................................................

..................................................................................

*Ich bin ein wertvoller Mensch, für die schönen Dinge, die ich heute erlebt habe, bin ich dankbar und ich freue mich schon auf die schönen Dinge, die ich morgen erleben darf.*

☺ Wöchentliche *Zusatzfragen*    *Datum:* ...........................

*Was hast Du diese Woche Gutes für jemand anderen getan?*

...................................................................................

...................................................................................

...................................................................................

*Was ist in dieser Woche nicht so gut gelaufen und was ist mein Anteil daran?*

...................................................................................

...................................................................................

...................................................................................

*Worüber hast Du diese Woche gelacht?*

...................................................................................

...................................................................................

...................................................................................

*Was würde Deine nächste Woche zu einer sehr guten Woche machen?*

...................................................................................

...................................................................................

...................................................................................

*Was könntest Du dazu beitragen, dass dies eintritt?*

...................................................................................

...................................................................................

...................................................................................

# Weiterführende Literatur

- Positive Psychologie im Alltag, von Stefan Kaiser und Valentina Marie Reiter, Cherry Media GmbH.
- Mit Positiver Psychologie aus der Depression: Selbsthilfe-Strategien für Resilienz und mehr Lebensfreude, von Miriam Akhtar, Trias Verlag.
- Positive Psychologie, von Dr. Ann Elisabeth Auhagen, Nikol Verlag.
- Positive Psychologie, von Jörg Feuerborn, Haufe Lexware GmbH.
- Positives Denken - Die Kraft Deiner Gedanken, von Kristin Berger-Loewenstein, Loewenstein Bücher&Medien GmbH.

## Wissenschaftliche Literatur

- Review of Positive Psychology Applications in Clinical Medical Populations. Macaskill A. Healthcare (Basel). 2016, 4(3), 66.
- Integrating positive psychology into health-related quality of life research. Park CL. Qual Life Res. 2015, 24(7), 1645-51.
- The effect of positive psychology interventions on well-being and distress in clinical samples with psychiatric or somatic disorders: a systematic review and meta-analysis. Chakhssi F, Kraiss JT, Sommers-Spijkerman M, Bohlmeijer ET. BMC Psychiatry. 2018, 18(1), 211.
- The Effects of Positive Psychological Interventions on Medical Patients' Anxiety: A Meta-analysis. Brown L, Ospina JP, Celano CM, Huffman JC. Psychosom Med. 2019, 81(7), 595-602.
- The Handbook of Salutogenesis. Mittelmark MB, Sagy S, Eriksson M, Bauer GF, Pelikan JM, Lindström B, Espnes GA. Cham (CH): Springer; 2017.
- Positive psychology interventions: a meta-analysis of randomized controlled studies. Bolier L, Haverman M, Westerhof GJ, Riper H, Smit F, Bohlmeijer E. BMC Public Health. 2013, 13, 119.
- The effects of three positive psychology interventions using online diaries: A randomized-placebo controlled trial. Tagalidou N, Baier J, Laireiter AR. Internet Interv. 2019, 17, 100242.
- Exploring daily affective changes in university students with a mindful positive reappraisal intervention: A daily diary randomized controlled trial. Pogrebtsova E, Craig J, Chris A, O'Shea D, González-Morales MG. Stress Health. 2018, 34(1): 46-58.
- Connecting Our Gut Feeling and How Our Gut Feels: The Role of Well-being Attributes in Irritable Bowel Syndrome. Farhadi A, Banton D, Keefer L. J Neurogastroenterol Motil. 2018, 24(2): 289-298.